SUPER STUDENT

How to Save Time, Learn More Effectively and Get Better Grades

超级学霸

受用终身的速效学习法

[挪] 奥拉夫·舍韦 (Olav Schewe) 著
李文婷 译

图书在版编目（CIP）数据

超级学霸：受用终身的速效学习法 /（挪）奥拉夫·舍韦（Olav Schewe）著；李文婷译 .—北京：机械工业出版社，2017.9（2023.8重印）
书名原文：Super Student

ISBN 978-7-111-57798-0

I. 超… II. ① 奥… ② 李… III. 学习方法 IV. G442

中国版本图书馆 CIP 数据核字（2017）第 202681 号

北京市版权局著作权合同登记 图字：01-2017-0894 号。

超级学霸：受用终身的速效学习法

出版发行：机械工业出版社（北京市西城区百万庄大街 22 号 邮政编码：100037）

责任编辑：刘新艳　　责任校对：殷 虹

印　　刷：固安县铭成印刷有限公司　　版　　次：2023 年 8 月第 1 版第 14 次印刷

开　　本：170mm×230mm 1/16　　印　　张：14.75

书　　号：ISBN 978-7-111-57798-0　　定　　价：59.00 元

客服电话：（010）88361066 68326294

推 荐 序

2014年，我还在纽约的财经媒体工作，一次采访让我见到了美联储前主席艾伦·格林斯潘。美联储是美国的中央银行，而格林斯潘是美联储历史上任职时间最长的掌门人。媒体称他为“美元总统”“经济沙皇”，甚至有人说：格林斯潘的权势比美国总统还大。

不过，我采访格林斯潘的那一年，他已经是88岁的老人了。那一年，刚好是中国互联网金融崛起的元年。

如果你不了解互联网金融是什么，没有关系，因为大多数人都不了解，这在当时还是个非常超前的事物。那一年，我采访了许多华尔街从业者和金融学家，但大多数人被问到时只能皱皱眉头，摇头说自己不知道。

碰上采访格林斯潘的机会，我自然也想试试。采访一开始，我就向他抛出了一连串互联网金融的问题。不过，我其实不抱太大希望——毕竟，格林斯潘卸任已久，况且年事已高，我并不指望他对这样的新鲜事物有多少了解。

我万万没想到，格林斯潘就这个话题跟我聊了很久。他对互联网金融的了解之深，远远超乎我的想象。以至于最后这篇采访定稿时，标题就成了“格林斯潘眼中的中国互联网金融”。稿件发表之后，在国内互联网金融行业引起了巨大反响，大家都很震惊：格林斯潘居然这么懂行！

后来一次偶然的机会，一位熟识格林斯潘的朋友谈起他：格林斯潘就是个“知识海绵”，吸收身边的一切知识。这让我想起，之前有媒体采访格林斯潘：“你退休之后打算做什么？”他狡黠一笑，反问：“退休是什么意思？停止思考吗？”

后来我才知道，对于格林斯潘这样的人，有个专属名词来形容，叫作“终身学习者”。

其实，不只是格林斯潘，我采访过的另一位世界级金融家“股神”沃伦·巴菲特也是如此。曾经有人问巴菲特：你此生最得意的投资是什么？他的回答是：我最得意的投资，就是对自己的投资。

巴菲特所说的对自己的投资，并不是金钱上的投资，而是把自己的时间和精力投资到无止境的学习中。这个世界充满了未知，他们则对未知充满了好奇，于是倾其一生投入到学习中，不断升级迭代自己。

我采访巴菲特的那一年，他已经 84 岁了。采访中，我每个问题的话音还未落，他就马上作答，思维之敏捷、反应之快，完全不像年过八旬的老人。后来我才知道，巴菲特每天要花 6 个多小时读书学习，从不懈怠，直到今天还保持着这个习惯。

另一位终身学习者、我的恩师徐小平老师，在新东方时代就获得了巨大的事业成功，之后二次创业，创立了真格基金，又站上了投资界的巅峰。但他仍不满足，在60岁那一年，徐小平老师接连参加了好几个专题学习班，端端正正坐在台下，认真听那些比他资历浅、年龄小的晚辈讲课。

后来我发现，在这个时代真正能够脱颖而出的，正是这些不知疲倦的“终身学习者”。

令人欣慰的是，越来越多的人开始意识到这一点，并加入到了终身学习的行列中。既然一辈子都要和学习打交道，掌握正确的学习方法就变得无比重要。这就好比照着正确的方子抓药才能治好病，否则抓出来的要么是无效药，要么就是毒药。

奥拉夫·舍韦的这本《超级学霸》就是教你如何开出正确的药方，来根治“学习不好”的病。

舍韦本来是一名天资平平、成绩中下的普通挪威学生，因为掌握了正确的学习方法，从普通学生一跃变成了超级学霸，成功考取了牛津、伯克利等世界名校。后来，他把自己的学习经验总结成册，很快便成了超级畅销书，挪威学生几乎人手一本，连教育部长都亲自为这本书站台。

有人可能会问：我毕业离开学校很久了，错过了当学霸的机会，这本书对我还有用吗？答案是：当然有。书中介绍了许多学习工具和方法，如康奈尔笔记法、思维导图、SMART法则等，无论对于学生还是职场人，都是非常实用的技巧。作者在书中展现的思维方式，更是值得所有人学习。

在我看来，舍韦不仅是学霸，更是善于总结方法论的高手。大道至简，大道相通。他人的成功也许不能复制，但会留下各种各样的线索。高手们往往善于发现他人成功里的蛛丝马迹，并归纳总结成自己的方法论，再触类旁通到其他领域。

舍韦能在上学期间通过总结学习的方法论而成为学霸，等走上工作岗位之后，也同样可以通过总结工作的方法论成为优秀的职场人。善于总结的人，运气都不会太差。

所以，当机械工业出版社的老师邀请我为本书作序的时候，我非常高兴地答应了。这本书也将成为“远读重洋”优选外版书系列中的第一本。同时，我们还想做个大胆尝试：以《超级学霸》这本书为引子，对学习和认知升级进行更深层次的探讨。

也许你还在及格线的边缘挣扎，也许你正在成为学霸的路上，也许你已经毕业离开了学校，但无论你在人生的哪个阶段，经历着怎样的变化，有一件事情是不变的：在这个终身学习的时代，掌握正确的学习方法，能让你在千变万化的世界中保持始终不变的强大竞争力。

孙思远

远读重洋创始人

2017 年 7 月于北京

前　言

坦白说，我并不是个有天分的人。如果在聚会上同时认识三个人，我肯定会在第三个人还没有开始自我介绍时就忘掉了第一个人的名字。小学的时候，我各门课程的考试成绩都属于班里中等水平。上中学后，有一年时间，我的成绩都在C等。我觉得自己属于那种需要在动中学的人。也就是说，在做出动作时我的学习效果最佳。这从我学习钢琴的经历中可见一斑。直接看谱弹奏简单的曲子是件极平常的事，但在我学习钢琴的八年间，我怎么也做不到。不过，如果加以大量练习，我就能随心所欲地演奏，所有的曲谱和记忆都仿佛顺着指尖流淌出来。然而，必须动起来才能学的学习方式，对于学校学习而言，并不是一件好事。

大约十年前，一些事情改变了我。初中的时候我转班了，突然和一大群学习很厉害的人成为同学。就在那时，我才了解到学习方法这件事。我心想，能有办法达到他们的水平吗？如果同那些B等生比赛看谁能进入A等生的圈子，肯定是件有意思的事情。于是，我开始有意识地琢磨如何提高我的成绩。也就是从那时开始，我就对如何更高效地学习、取得更好的成绩这两件事乐此不疲。

初中阶段，我用自己的方法将全部成绩提升到了 B 等。到了高中，我有过一段时间的成绩下滑。那是因为当时学习的课程更难了，评分标准也和以前不同。高一时我的学习成绩确实下滑了，不过到毕业时，我用自己的方法以平均分最高的好成绩结束了中学生活。从卑尔根挪威经济学院本科毕业后，我决定再试试自己的运气，申请去世界一流大学继续深造。于是，我参加了 GMAT 考试。这是一个全球性的金融和管理类硕士研究生入学考试，个人成绩将和过去五年间所有 GMAT 考生的成绩相比较得出排名。考生总人数超过 100 万人，而我的最终排名是在前 6%。因此，我获得了众多名校的青睐，比如英国的牛津大学、美国的常春藤盟校宾夕法尼亚大学，以及沃顿商学院。同时，我也收到了总计 5 万美元的奖学金，其中包括世界知名的富布赖特奖学金。这是一种美妙绝伦的感受。

从许多人以及我个人的经历来看，变得更擅长学习，取得好成绩并非不可能之事。其中的秘密在于，你的努力必须是勤奋学习和学习技巧的完美结合。不过，我自己却花了很多年才明白这个道理。无论是在挪威、美国和德国度过的中学时光，还是在牛津、挪威经济学院和加利福尼亚大学伯克利分校求学时，我都学习并实践了不少有用的学习技巧。除此之外，我还读了超过40本关于学习技巧、应试技巧和学习心理方面的书籍。

我的目标是写一本易懂实用的学习指导书，能把所有对我产生影响的内容都记录其中，以学生的角度就如何高效学习、拿到高分为你提供最有效的建议。我希望你读完本书，能够学到新的学习技巧，并立即将它们付诸实践。当然，这些技巧无法取代你的付出和努力，它们只能保证你在所付出的单位学习时间里收获最大化。我们的目标是更高效、更会学、更高分。

愿阅读本书带给你快乐！

奥拉夫·舍韦(Olav Schewe)

2015年5月于新加坡

学习技巧有什么用

如果你有150的智商，那么恭喜你！不过我建议你卖掉其中30的智商，因为你并不需要那么聪明。

——沃伦·巴菲特（Warren Buffet）

作为学生，你大概很想知道学习技巧究竟有多重要。学习好不是主要取决于你有多聪明吗？确实，智商高的人想获得高分比较容易，但是智商的高低并不像你想的那么重要。心理学家桑德拉·斯卡尔(Sandra Scarr)的研究表明，学习问题上75%的影响因子都无关智商，而是与学习动机、先验知识以及学习策略息息相关。其他学者也有相似的研究结论，美国加利福尼亚大学洛杉矶分校的村山航（Kou Murayama）博士就是其中之一。他认为，相比你究竟聪不聪明，你的学习动机以及如何学习，对提高学习表现的影响更大。此外，一些研究智商测试的学者通过研究智商测试的结果也发现，智商高低对学习成绩的影响仅有不到20%。

了解了这个真相后，我便花更多的时间去研究，究竟是什么决定了考试分数和学习效果。在我看来，智力、学习时间、先验知识、学习心态、学习技巧和应试技巧，六位一体，我们方能获得自己想要的结果。学习上的成功，绝不是来自其中任何一个因素，而是六个因素互相作用的结果（见图1）。

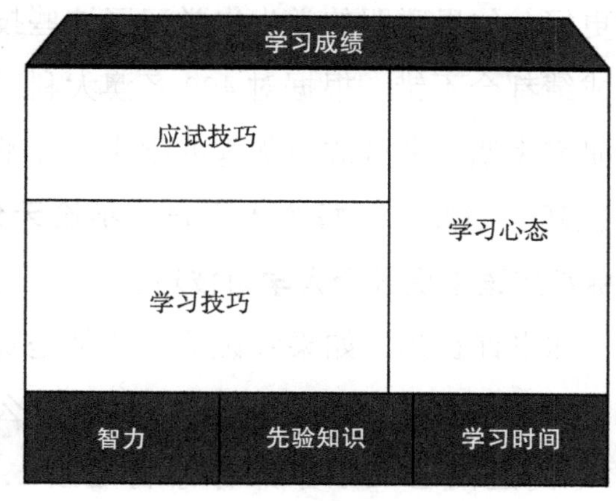

图 1

这些影响因素是建造这栋学习之屋的基础。智力、先验知识和学习时间是地基。对于它们，我们能发挥利用的空间不大。智力在很大程度上是天生的，先验知识是过往经历的积累，而学习时间常常会受其他事务和需求的左右，一天只有24个小时。不过，让人庆幸的是，这些只是决定学习和应试表现的部分影响因素，其他还有**学习技巧**（我们如何学习）、**应试技巧**（我们如何考试）和**学习心态**（我们如何激励自己、看待事物）。这三点不仅重要，并且可以加以改善。我们统称为学习技巧。

那么，是不是意味着掌握这些学习技巧就是一个人学业成功的关键呢？换句话说，是不是善于使用这些学习技巧的学生就能获得更好的成绩呢？基本上就是如此。举个例子，一组中等智力的学生如果学会了思维记忆技巧，他们就会比不知道这些技巧的学生记住更多知识，因而成绩更好。如果聪明的学生也学习了这些技巧，那么两组的成绩都会不错。根据对400名澳大利亚学生所做的调查研究表明，考试成绩优秀的学生往往都更擅长使用学习技巧。因此，**对每个人而言，不论天分高低，我们的目标都应该是提升个人学习技巧**。

当然，你也许在想，如果我说的一切都是真的，为什么“班里最聪明的学生”考试成绩总是那么好？专门研究学习问题的心理学家兼作家肯尼斯L.希格比（Kennth L. Higbee）认为，智力高的学生也许是一种天赋优势，会比一般人更擅长发现和使用好的技巧。我很赞同他的话。一般来说（并非所有情况），聪明学生的学习方法更有效率。不过今时今日，我们很幸运，因为我们清楚知道优等生究竟使用了哪些学习技巧。人人都能使用它们，因此人人都能变得更擅长学习，考到更高分。你也不例外。

为什么要拿到高分

前面的内容是想告诉你，如果你能改进学习方法，就能提高考试分数。这里则是为了告诉你，为什么要拿到高分。

成绩不是检验你智商（IQ）高低的指标，也不能评判你的学习是否有效或者你是否乐于学习。成绩反映的只是当下你学习活动的结果。只不过在当今社会中，成绩备受人重视。有时候它几乎意味着一切。这并不可笑，毕竟仅凭着好的意愿成不了大事。

好成绩显示出你具有学习新知识并能运用自如的能力，标志着你能在特定标准下发挥出色表现。换个角度看，好成绩能为你打开许多机会的大门。

大学会按照成绩表现给学生分配实习机会，企业老板也会根据成绩来决定究竟让谁来参加面试，以及最后录用谁。

但是，好成绩并非唯一昭示你个人能力的途径。你在之前的工作中、运动活动中，或者自己的项目里的个人表现都能显示你的能力。在很多公司中和一小部分研究领域里，这些跟成绩表现一样重要。对创业者而言，他们并不怎么看重成绩。但对我们自己来说，成绩高低至关重要。大部分你梦寐以求的工作和研究领域，好成绩是必备条件。除此之外，当相关岗位空缺时，成绩高低尤为重要。

不过，好成绩带来的不只是好机会。精通一件事并能做好它本身就很有意义。它会让你更加自信，拥有更多的满足感，学习起来更有乐趣、更起劲。这是个良性循环。

学习技巧不仅能帮助你取得好成绩，也能运用在生活的其他方方面面，帮助你获得成功。如果你擅长快速学习知识，正确安排事情的先后顺序，在压力下高效工作，在任何情形下都能正确思考，那么无论是在生活还是工作中，你定会收获满满。

为什么阅读本书

本书分为三个部分：高效学习、成功应试和正确思考。它们三者相互促进，相辅相成。

每个部分都由几个短小的章节组成，每节后面提供了重要建议的要点小结。

第一部分 高效学习

讨论有助于聪明学习的各种技巧。这个部分的话题包括时间管理、阅读技巧、笔记技巧和记忆技巧等。

第二部分 成功应试

讨论如何在各类考试中获得成功。这部分的话题包括复习准备、参加笔试和口试等。

第三部分 正确思考

讨论学习动机、学习目标、思考方式以及如何利用它们促进学习，提升学习表现。如果你对本部分内容特别感兴趣，大可先阅读这部分。一切都始于你怎么思考。换句话说，在你努力提高学习成绩的同时，其实你已经掌握了处理好一切的能力。所以，**最大的胜利不是漂亮的成绩单，而是你改变了自己。**

如何充分利用本书

非常欢迎你把本书作为手边的参考书，阅读你觉得对自己最有帮助的章节。但如果你想更充分地利用本书，建议你从头到尾读完，全盘了解。最有用的建议往往不经意地出现在某个意想不到的段落中。我非常期待你能把这些技巧运用到日常的学习与生活中。你可以反复阅读某个章节。每节和每个部分的最后提供了实用性很强的要点小结，你也可以直接阅读它们，这样可省下全部重读的时间。

目　　录

第三部分

正确思考

第一部分

高效学习

托比昂·罗·伊萨克森
(Torbjorn Roe Isaksen)

托比昂是挪威教育暨研究部部长、保守党国会成员。他曾经是波斯格伦市市议会成员，也曾当过青年保守党领袖，拥有奥斯陆大学政治学硕士学位。

“一直以来，我参与和处理了许多政治相关事务。在求学期间，我曾遇到过几个需要花费大量时间才能完成的政治学报告。因此，当我坐下来学习的时候，高效对我而言非常重要。为了做到高效，我总是首先排除各种干扰，确保周围环境安静，电脑关机，手机也拿到了一旁。这样做，我才能百分之百专注于我当下的学习。

“通常课程内容繁多，所以将内容系统化很重要。要做到这一点，我采用的是一种很传统的方法：通读教材并画出重点部分。接着，给每个要点编号。我的目的是让整个课程的内容都显现在一张纸上。这样的话，我就能对所有内容一目了然，之后也容易记起。”

第 1 章

时间和时间管理

时间管理

对大多数学生而言，时间是最稀有的资源。时间有限，因此必须聪明地使用它。本小节讨论的就是这个问题。通过学习特定的技巧和策略，我们就能将时间的效用发挥到最大。

你拥有多少时间

大学的第二个学期，我非常想努力地学好，所以就把所有章节都读了两遍，做了详细的笔记，认真完成课程作业，做好课前预习，并阅读相关书目。1 个月后，我竟然每一科都落后于同学们。我想试着赶上去，但是我越努力，就越差劲。我内心崩溃，提不起劲学习。究竟出了什么错？

我犯了一个跟许多同学一样的错误，那就是不现实地评估自己的时间，既高估了自己所拥有的时间，又低估了完成一件事情所需要花费的时间。比方说，我认为自己能够在 1 个小时之内读完《微观经济学》中的任意一章，但一章大概有 30 多页，而且字又小又密，信息量非常大。此外，这是本英文书，里面全是复杂的经济学理论。所以，1 个小时的时间其实根本不够。

我有个聪明的小技巧，一直都在使用，也推荐给你。请你坐下来，算算你需要用于学习的时间总量，再确认你实际能用于学习的时间总量。1 个星期有 7 天，每天有 24 个小时，也就是说，1 个星期你拥有 168 个小时。这是你的计时起点，然后从中减去用于睡觉、吃饭、娱乐等事情的时间。如果你每天睡 8 个小时，那么就需要减去 7×8 个小时，即 56 个小时。如果你每天花 2 个小时吃饭，就该减去 2×7 个小时，即 14 个小时，依此类推（见表 1–1）。

表　1-1

你的时间（小时）	日常事务
168	总时长（每星期）
– 56	睡觉
– 14	吃饭
– 10	晨起洗漱和交通
– 6	运动
– 6	社团活动
– 24	休闲活动
– 16	上课
– 4	小组学习
– 12	兼职打工
= 20	可用于个人学习的时间

假如每个周末都除去的话，每天就只剩下 4 个小时可用于学习。如果有 4 门课程需要学习，那么每周花在每门课程上的时间就只有 5 个小时。时间并不多。因此，

高效利用每分每秒至关重要。找出可以节省一些时间的事务，是获得更多学习时间的黄金机会。如果每个早晨你总是花太多时间才能搞定自己出门，花了太多时间看电视或上网，那么不妨减少花费在这些事情上的时间，赢取更多的学习时间。

学习要花多少时间

另一条实用技巧是，评估学习最重要的课程需要花费的时间长度。读 4 页书，慢慢读，再把总时间除以 4。如果每页你得花 4 分钟来读，每周要读完 60 页，那么你需要花 4 个小时才能读完它。你还需要评估做课程笔记，或者完成作业所要花费的时间。比如花 2 个小时做本周的学习笔记，花 3 个小时完成本周的作业，大约用 1 个小时复习学习笔记。

如果把以上所有都加起来，你会发现，原来你需要 4+2+3+1 个小时，即用 10 个小时才能完成以上学习任务。如果按照上面的例子所说，你 1 周最多只有 5 个小时用来学习，那么你就能清楚地看到，你的学习计划是多么不现实，你必须有所取舍。

利用零碎时间

每天我们都有一些短暂的无法用于做复杂事情的零碎时间，比如等公交车，乘坐地铁，走路上学，等着看牙医、排队或者课间休息的时候。这些时间不能用来做试卷，但能用来处理一些简单事情，比如打电话，回复邮件，听网络广播，学习单词或复习笔记。高中的时候，每天我需要花 20 分钟坐校车，我就用这个时间完成阅读作业，而我的一位朋友则用来化妆。有位在布拉格读大学的朋友，每天需要搭乘 45 分钟电车去上学，他利用这个时间读篇幅短小的学习笔记。另一位女性朋友则在放学路上打电话给她的父母和祖父母。**如何精确利用这些零碎时间并不重要。重要的是，你利用了它。**

规划每一天

研究个人效率的专家建议你每天花 10 分钟规划这一天。今天的目标是什么？你要完成哪些事情？然后按照优先程度安排它们。这样做，你就能确认哪些任务可以合并在一起完成，因而可以更有效地计划这一天。**如果没有时间做规划该怎么办？真相是，你肯定有时间。**

让一切井井有条

每次坐下来学习时，不要浪费时间去找笔或者本子。买好需要的文具，把它们井井有条地放好，并保持好。每次花在找这些东西上的时间不多，但是积累起来，却浪费了不少时间。如果你每次都要花很长时间才能开始学习，那么很可能你就把找文具这件事变成了你无法坐下来学习的借口。

我认识的一个人就是这样，他总是在找文具这件事上纠缠不清。每次上完课回来，他已没有力气去找所需要的文具，相反，他却有力气打开电视。后来他力求改变自己，于是他**让自己的书桌总保持在工作中的状态，书摊放在上面，笔记本、铅笔、荧光笔放在一旁，等待被启用。就这样，学习的障碍消失了，效率提高了。**

聪明地挑选兼职工作

如果你是需要在求学期间兼职打工的人，那么最为明智的决定是，挑选一件能带给你金钱之外回报的工作。比方说，你可以当健身教练，这样就能兼顾工作和健身。或者，你可以当助教，向其他同学提供学习帮助，或者帮教授批改试卷，这样不仅可以赚到钱，还可以学到东西。你也可以去你感兴趣的行业工作，也许未来你会想做那一行。那么去兼职试试，不仅能获得相关经验，也能建立人脉。

省下无谓思考的精力

9岁的时候，我不需要记录在日历本上都能记得剪头发的时间，不过当年剪头发是唯一一件每周都需要去做的事情。然而，时至今日，如果不用手机日历记事，我就什么也记不得。既然日历可以记下所有事，那么我就不用花工夫去记了。这样我就能留出记忆空间去记住真正重要的事情，比如所学的知识。闻名世界的个人效率专家大卫·艾伦（David Allen）说过，把事情记录下来就能节省个人精力。花工夫去处理不重要的东西会偷走我们的时间和精力。所以他建议你：

（1）把所有的会议时间都记录在手机日历上，每天早上浏览一遍。

（2）把你需要做的全部内容都写在任务清单中。

另一个建议是建立仪式化的习惯，并让它成为你日常生活的一部分，比如运动、学习、睡觉等。当你的身体自动自觉地进入这些状态，你就能省下为琐碎小事做决定的精力和时间，比如什么时候该吃早饭。遵循这些习惯做事，就能节省脑力挪到学习上面。

如果你要做的事情比较费神，或者对准确性要求较高，那么你应该在一段时间内专心处理那一件事情。**有些人认为他们能同时做好两件事情，那完全是自欺欺人。**一个一边接吻一边开车的人，既不能给予亲吻的人足够的爱意，也不能给予足够的注意力在驾驶车辆上。**当你学习的时候，你就应该百分之百投入。**

留出休闲时间

休闲时间很重要。学生们总是特别容易拼过头，把自己弄得筋疲力尽。从长远来看，必须保持平衡分配学习和休闲时间，否则很难有好的表现。有些人确实需要更多的休闲时间，不过人人都必须有休闲时间。**花多少时间在学习上，取决于学习的科目、你自己的状态，以及你究竟想达到什么样的学习效果。**如果你想成为毕业典礼上的优秀毕业生代表，那么你就得多牺牲一些休闲时间；如果你只想成为班级里中等偏上一点的学生，那么多点休闲时间也无妨。

对学生们来说，能否区分好学习和休闲时间，是大家普遍面临的挑战。**休闲的时候想着学习，就会良心不安，感觉糟透了；而学习的时候又总想着好玩的事**

情，时不时地打开手机上上网，或者看看自己的脸书（Facebook），这样学习毫无效率可言。打破这种恶性循环要靠你的自律，我们将在本书的第三部分具体谈论。**学习的时候请只想着学习，休息的时候就绝不想什么学习，这样才会事半功倍。**

别忘记锻炼身体

> 我一直坚信体育运动不仅能让人身体健康，也能让人获得内心的平静。过去，当我感到愤怒和沮丧时，我没有发泄在我的朋友，甚至警察身上。相反，很多时候我会通过打沙袋释放情绪。运动有助于释放压力，而压力会摧毁内心的平静。当我保持良好的体能时，我的工作更出色，思路也更清晰。因此，运动是我生命中绝不放弃的一项活动。
>
> ——纳尔逊·曼德拉（Nelson Mandela）

体育运动对提高你的个人表现也很重要，它让你充满能量和活力。运动和学习方面的研究表明，体育运动能增强个人的学习和考试能力。《卫报》上曾经刊登过一篇名为“跑步，看你变得更聪明”的文章。这是一篇科学研究方面的报道。该研究表明，跑步及其他有氧训练能增加新的脑细胞，从而改善记忆能力。一群美国和英国的神经学家表示："我们尚未深入了解体育活动促进学习的具体方式，但我们确信无疑，它确实有助于学习。"运动不仅仅让你变得健康，也会提高你的考试成绩。如果你的身体状态好，你的学习效率也会更高。

你是不是那种经常计划着要运动但是从来没有付诸实践的人呢？如果你是，那么千万不要说什么"星期一的什么时候吧"，而是做一个明确的时间约定，自己或约朋友一起去运动，或者报名健身课程。把这个时间约定记在日历里面，那么它就和其他约定一样，具有强制约束力。

不要忘记睡觉

睡眠不足会让你的情绪变糟。目前，几乎人人都同意睡眠不足会影响个人的创造力、免疫系统，以及专注力。睡眠习惯不好是学生们普遍存在的问题。许多学生睡得晚，上课的时候就会感觉疲倦，无法集中注意力，学习的效果很差。当夜晚来临，他们开始学习，希望把白天浪费掉的时间都捡回来。结果又到很晚才睡，如此反复，就会陷入低效率的恶性循环中。高中的时候，我也曾经这样自我折磨过一段时间。有一次我被老师送到医生那里去了，好几个老师认为我病得不轻。显然，这个问题的唯一真相就是我真的睡眠不足。如果你也这样，养成良好的睡眠习惯会使你受益良多。

“我是 B 型人格”，你也许会这么说。真没办法，这种人格的人很难培养良好的睡眠习惯。不过，这根本不是什么借口。**每个人都能改变自己的睡眠习惯，或者说，如果真心想改变，无论怎样都会去改变自己。**

要点小结

- 了解你的时间分配情况。做一张时间一览表，看看你如何利用一周的 168 个小时，找到可以做出调整的时间段，确认可以用于学习的时间段。
- 利用零碎时间完成简单事务。
- 写下所有的事件安排和最后限期，并养成日常习惯，这能为你节约时间，省下无谓记忆所占用的记忆容量。
- 计划你的每一天，并为自己设定每日目标。
- 休闲、运动和睡眠都对提高学习效率至关重要，长期而言更是如此。确保你具有充足的休闲、运动和睡眠时间。

宏观了解，做好计划

没有计划的目标都是白日梦。

——纳撒尼尔·布兰登（Nathaniel Branden）

有效利用你特意留出的学习时间，你就必须集中精力处理正确而重要的事情。不论是在考试中，还是已经知道了成绩之后，你肯定会想："如果之前我调整了复习的重点，对考试题型更熟悉一点，肯定会比现在考得好。"这种情况完全可以避免。不需要花任何时间或金钱，只需要采取简单行动即可。

解读密码

不少学习者都对学好一门新课程充满希望和动力，不过却从来没问过自己，到底要如何达到这个目标，究竟要重点关注哪些新知识。他们只是埋头开始学习，抱着学学看的态度。这实在太傻了，因为事前"了解游戏规则"具有强大的力量。

每门课程都具有独特性。有些课程教材很重要，上课只是辅助。另外一些课程教材仅供参考，甚至根本无关紧要，上课才是关键。有些课程里的所有理论都同样重要，但对另外一些课程而言，只有一小部分是核心理论。有些课程看重细节，但另外一些课程只关注重大概念。有的课程简单，学习起来毫不费力，有的课程却课业繁重。你都了解了吗？越早“解读密码”，找到让你学业成功的最有效策略，你就会获益越多。

所谓“解读密码”，就是建立对课程的宏观印象。阅读发给你的课程资料，了解课程的内容和评价机制。和授课老师交流，请教如何学习该课程，如何准备课程考试，也可以看看以前的试卷。想学好这门课，问问究竟要做些什么。如果有机会，去请教学过这门课程的同学，他们通常会给你不错的建议。

对任何一门课程，我都能够快速“解读密码”。然而在牛津上学的时候，我却犯过一个大错。有一门策略课，课程教学围绕教材里提及的策略案例和理论展开。每个案例都由一家公司策略方面的背景信息以及面临的挑战组成，比如宜家（IKEA）的美国战略和廉价航空瑞安（Ryanair）航空公司的低价策略。相关理论很简单，但是案例材料冗长而复杂。我自以为自己对复习的重难点把握得不错，集中关注了理论部分，只花了一丁点儿时间看案例。直到短暂而忙碌的考试周来临，我才意识到，这门课程的考试考查教材中8个案例中的6个。换句话说，案例才是这门课程学习和考试的关键。结果，我不得不在非常少的准备时间中，挤出时间阅读全部案例。这门课程的分数最终拉低了我那个学期的平均成绩。最糟糕的是，如果当初我请教过授课老师的话，那么整件事就可以避免。

拟定计划

当你知道了学好这门课程的关键所在时，你就应该拟定一个简要计划。你将如何拿下这门课？要做哪些支持性和补充性的学习活动（提问时间、小组活动等）？究竟需要用几分力来完成各种各样的学习任务（略读课本还是仔细做笔记）？时间很少，无法完成计划上的所有内容，这非常正常。因此你必须好好区分它们的优先顺序。先做最重要的事情（“必须做”），然后做其他事情（“随意做”）。

我的计划

我总会根据每门课程的“密码”调整学习计划。不过许多个学期之后，我发现我学得不错的课程中以下各个要点非常实用。

（1）整个学期都把精力放在理解上。利用教学课件了解学习范围。当然我是有选择性的，教材仅作为辅助参考。想深刻理解学习内容，我会做老师推荐的习题集。一旦遇到不理解的问题，就把它们记录下来，然后趁课间请教老师。我从不抄录书上的内容，因为这样记录下来的内容太多太复杂了。

（2）我会优先做自愿的书面作业以及每周的推荐习题。我之所以非常重视老师的课堂讲课和作业习题，是因为我的老师们只考他们上课时讲过的内容和布置过的作业习题。

（3）考试期间，我主要花时间记忆和研究以前的试题，不会把教材从头到尾再看一遍，因为时间太紧迫了。

调整各门课程的优先顺序是明智之举，这不仅是因为我们存在个体差异，虽然我们确实比较容易在某些课程上拿到高分，也因为有些课程更加重要。

经常检查

偏离学习状态，最终学业落后，这些事情都来得特别容易，因此常常问自己是否把精力放在正确的事情上至关重要。你真的“解读密码”了吗？学习路上，你是否听从了有价值的建议，得以让自己这门课程学得不错？你是否妥善安排了学习的优先顺序？**假如，你只有**

一半的时间，你还会保持复习内容不变，按照原来的顺序复习吗？换句话说，你的计划不应该一成不变。最好的计划会根据新情况做出调整。一切从“新”出发。

要点小结

- ▶ 阅读分发给你的课程信息，向授课老师请教考试情况、书面作业以及如何学好这门课程。根据这些信息和资料，做好这门课程的学习计划。
- ▶ 经常反思自己的学习方法是否高效而正确，做出必要的调整。

第 2 章

学习和理解

物理学教授都坚信“做中学”。

关于学习

读书就是学习，旨在获取新知识。要想学好，不妨先来了解关于学习的几个常见的迷思和真相。

人具有强大的学习能力，以及几乎无穷的记忆能力。据说，一个普通人在一生中所用的记忆量不足大脑记忆总容量的 1%。所以，担心学习新知识就会忘记旧知识的人大可放轻松，学习新知识并非意味着要丢弃旧知识才能腾出记忆空间。

我们会忘记去年学的所有内容，主要原因在于那些学过的内容，我们并没有学得很好罢了。因此，全都忘记了。不过忘记不等于失去，那些知识还储存在大脑中，只是我们“不知道究竟储存在哪里了”，所以不容易重拾印象。最好的证据就是，当我们重学一遍已学过的内容，会觉得比学习新内容时简单得多。这个规律屡试不爽。比方说，如果你学了一门外语，一段时间没有用它，你就会忘记许多单词。不过当你重拾这门语言时，学会开口再说的速度肯定比从零开始学要快得多。又比如，当你忘记某人的姓名，但如果看到他的名字，你就会想起来。也就是说，知识从不会丢失。

我们可以把大脑想象成一大片森林，新知识是这片森林里的不同物体。我们的任务就是给这些物体标注好方位，开辟小路通向它们以及连通它们彼此；可能的话，将它们分门别类，方便我们需要的时候找到它们。如果我们开辟的路径太少，找到这些知识的难度就会加大。如果我们从不使用这些路，重温所学的知识，这些路就会杂草丛生，学过的知识也就会暂时不见踪影。开辟一条不容易杂草丛生的好路，即学得扎实，得花费不少时间和心思。幸运的是，我们可以借助一些技巧，使学习变得简单而高效。本小节所探讨的就是这些学习技巧，教你如何学得更多，记得更牢。

阅读教材、记录或阅读笔记、听课、参加小组讨论都能促进学习，帮助“清扫”记忆中知识旧道路上的杂草，并开辟新路。如果你善于运用这些学习方式，你将学得更快，所学知识也能记得更牢、更久。本书中，我特意写了这一节来谈学习的不同方式，以便你深入了解它们。

学习模型

图 2-1 所示的学习模型有助于呈现学生的学习模式。学习它就能在需要的时候唤起相关记忆。

学习是我们把从课堂和书本中学习的新知识记到大

脑里的过程。重复就是再次回忆起被遗忘的知识。唤起记忆是一种自然而重要的过程，但我们并没有太多改进空间。此外，是否能唤起对所学知识的记忆在很大程度上依赖于我们当时学习的状况。

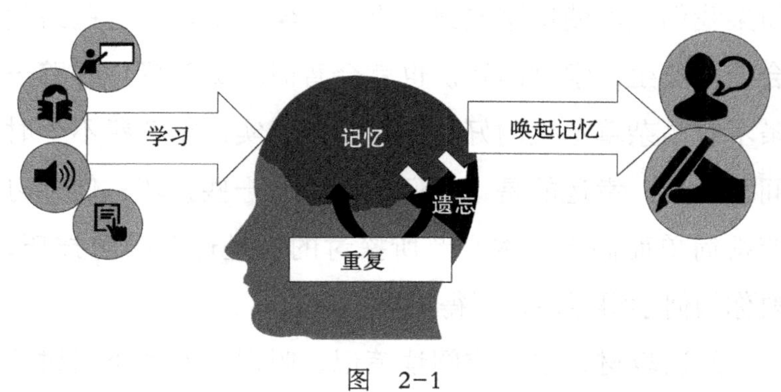

图 2-1

不同的学习方式

很多研究都在探讨不同学习方式的具体成效，即最后你究竟能记住多少所学内容。位于缅因州的国家训练实验室总结出了如图 2-2 所示的金字塔型数据。

正如图 2-2 所示，听完一节课后，我们其实记得很少，然而教他人的记忆情况最好。对这些数据我们持保留态度，不过数据传递出的信息格外重要：学习过程中你越主动，记忆情况就越好。

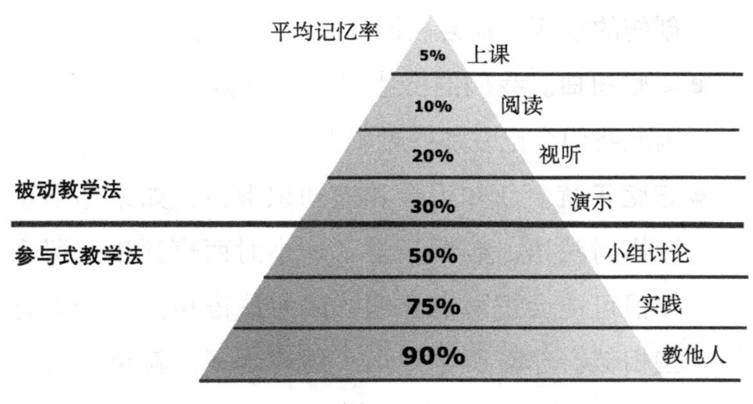

图 2-2

注：来自缅因州的国家训练实验室。

关于忘记

前面曾提到过，我们忘记多少所学知识主要取决于我们当时学的好坏程度。此外，还有其他因素导致我们忘记：记忆衰退、记忆压制、记忆扭曲、记忆干扰和依赖提示。

- **记忆衰退**。当我们学了之后不复习或者不应用，大脑中的记忆联系会逐渐变少。想想那条记忆小路，只要没人用它，那里又会长满杂草。关于忘记的众多解释中，记忆衰退是最为人所接受的一种说法。
- **记忆压制**。我们不喜欢的东西，或者会带来心灵创伤的东西，都会被记忆压制，赶到潜意识中去。

- **记忆扭曲**。我们的价值观喜好会影响我们的记忆，因此我们会记住那些希望发生的事情。
- **记忆干扰**。新知识会和旧知识混淆。如果你学了一小时法语，接着又学了一小时西班牙语，那么你很可能会把两者弄混，因为法语和西班牙语有些相似。你对所学知识了解得越多，就越不会将新旧知识混为一谈。
- **依赖提示**。你肯定经历过“就在嘴边但说不出来”的情形。比如你忘了谁的名字，只需要给你姓氏的首字母，你就能想起这个名字来。学习新知识时，我们可以创造一些小提示（联想），这样就不容易忘记。缺少这样的提示，我们可能总是想不起来曾学过的知识，就会“忘记”了。在第二部分“成功应试”中，我们也会探讨如何利用提示提高记忆。

要点小结

- 人类大脑有几乎无穷的记忆能力。不过，当我们需要唤醒存储在大脑中的知识时，掌握好的学习技巧至关重要，重复也很重要。
- 我们在学习时越主动，比如参加小组讨论，记住得越多；我们在学习时越被动，比如仅仅只是读过，记住得越少。

重要的学习原则

高效的学习和记忆建构在几个基本原则之上。能否聪明地学习，重中之重就是在于是否了解并熟练应用这些原则。它们包括专注（注意力）、意义和理解、兴趣、联想、图像化、总览和逻辑、背诵以及重复。

专注（注意力）

十美元纸币上画的是谁？交通信号灯最上面一盏灯是什么颜色？你的车牌上写了什么？你是否觉得这类问题很难回答？你肯定见过千百次了，但每次见到它们，你都从未好好专注地观察过它们。

让我们再举个例子。你是否曾经刚刚读完一节或一页书，却感觉自己完全不记得读了什么？**当我们任思维自由徜徉，其实并没有专注在需要学习的内容上，也就是说我们并不是在学习。你的眼睛在教科书上东瞟西瞟，耳朵听着老师讲课，这并不意味着你学了什么。**关于专注，你也听过另外的说法，即“注意力”“专心”“注意”，或者“主动学习”（和“被动学习”刚好相反）。**专注是**

最基本的学习原则。缺少专注，就不可能学习；你越专注，学习起来就越容易。

很可惜，我们无法同时专注于几件事情。当然，你确实也可以专注于不同的事情，比如一边和这个人聊天，一边听那个人说话。但你不能一边读书一边接电话。事实上，你顶多可以读一会儿，说一会儿，再读一会儿，再说一会儿。这样持续改变注意力，效率非常之低，多任务工作也总是因此被人诟病。所以，你应该在单个时间段里只专注于一件事。显然，在学习的时候，家里的“老人家”要你把电视音量调低，还是有些道理的！要专注！

意义

记忆力研究的领军人物之一赫尔曼·艾宾浩斯（Hermann Ebbinghaus）曾说，如果你不理解所学内容，跟你能够理解的情况相比，你要花上10倍的精力才能学会。现代研究提出了同样的观点：如果所学的内容对你毫无意义，学起来就会难得多。记住数字07041776要比记住1776年7月4日花的时间更多。如果你理解了直线方程式 $m=[(Y2-Y1)/(X2-X1)]$ 的意义，学起来就容易了。

兴趣

你认不认识这样一种人，他们在学校的表现平平，却是个无所不知的“足球通”“汽车通”“电影通”？我们对自己感兴趣的事物总是充满动力，会给予更多的关注（注意力），愿意花更多的时间在上面。兴趣促进学习的另一个原因在于，当我们对主题感兴趣时，我们会去了解更多相关联科目 / 话题，这样学起来就简单得多。培养兴趣的方法之一就是思考它是否和你的目标有关，跟其他你感兴趣的事相关。如果你特别喜欢车，但对学习德语一直提不起兴趣，那么不妨想象一下，未来你要买辆德国车或者车配件，学点德语就会很有用。如果你想将来成为一名医生，那么学好生物和化学是关键。

联想

如果你能把必学的知识和学过的知识关联起来，或者找到别人所说的“挂钩”，记忆将会变得简单。如果你原先就知道伽利略（Galileo）是意大利物理学家和天文学家，你就容易记住伽利略是欧洲新卫星导航系统的名字。假如你搞不清楚卫星导航系统是什么，那么想想 GPS。GPS 是美国卫星导航系统，全球人民都在用它，而伽利略卫星导航系统就是欧洲的 GPS。

把新知识和旧知识关联起来，大脑就会修建“更多小路”，因此你就更容易记住它们。当我们需要这些知识时（考试时），大脑就存有许多记忆路标了。想象一下，你正在学习西班牙语“护照”（paasaporte）和“字典”（diccinario）两个词，你会发现它们和对应的英语“passport”和“dictionary”很相似。如果你想用它们却忽然忘记了，那么你就可以想想它们的英文拼写，相应的西班牙文就会自动浮现在脑海了。前面我们曾探讨过，学习是建构在个体先验知识之上的。**当你把事物关联起来，就能精确地使用旧有知识来教自己学习新知识。**

图像化

如果你能在脑海中将所学内容图像化，学习就会容易不少。我们的大脑拥有绝佳的图像记忆功能。比如，想一想你能否回答这个问题：你家的卧室有多少扇窗子？你可以马上想象客厅就浮现在眼前。不论是亲眼看到，还是凭借想象，当我们把事物图像化后，就会比抽象事物更容易记住。又比如，你能回答这个问题吗：字母表中“x”前面的是哪个字母？大多数人都想象不出字母表的图像。相比之下，他们得想得久一些，迅速背出字母表才能得到答案。在本书后面的章节，我们会具体谈谈图像化技巧。

总览和逻辑

想象你正站在巴黎里昂车站，打算去卢浮宫看名画《蒙娜丽莎》。你手上有一张巴黎地图。你目前的位置靠近塞纳河，沿着河岸走一段路，巴黎圣母院所在小岛的后面就是卢浮宫。你看了看，估计有 4 公里那么远（步行需要 30 ~ 40 分钟）。要去河边，你得向着埃菲尔铁塔的方向走，你可以远远看到它，不需要地图指引。一直沿着河向下游方向走，直到穿过巴黎圣母院所在的小岛。现在，你就要见到蒙娜丽莎了。

地图为什么这么有用，因为它显示了事物之间的联系。看了巴黎地图，你就有了整体印象。如果别人告诉你往西北走 3.5 公里（除非你带了 GPS 或者伽利略），恐怕很难找到路吧！

如同总览地图能帮你找路一样，对知识的宏观认知也有益于学习。这门课程和其他课程之间有什么关系？现在所读的内容是不是为之后的内容做铺垫，或者它本身就是基于以前所读内容之上的？以前是不是总有人建议你要先熟悉教科书，比如先看看目录，或者先迅速扫读某个章节，再细细理解内容。这些建议都是基于总览原则。

不过，总览和逻辑也关乎如何主动整理所读内容：选择阅读顺序，找到内在联系，并将知识分类。当你整理所学知识，或理清其中的逻辑联系，你就会记得更多更好。研究甚至表明，仅仅是整理学习材料就能记得不少，跟特地去学习的记忆情况相当。如果你打算阅读欧盟建立的历史，先理解第一次世界大战和第二次世界大战的历史背景会促进你的阅读。如果你打算学习美国的各个州，不妨聪明地按照地理方位（东北、东南等）或字母顺序来分组记忆。如果要记住词汇“爸爸”“香蕉”“跑步”“阅读”“苹果”“孩子”“橙子”“妈妈”和“游泳”，以“家庭”（爸爸、妈妈、孩子）、“水果”（香蕉、苹果、橙子）和“动作”（跑步、阅读、游泳）来分类的话，就再聪明不过了。

背诵

背诵就是看着一个问题、标题或关键词问自己：我从中学到了什么？然后尽快回答出来。当你背诵的时候，不能看书，只能背完之后再检查你记住了多少，或者根本完全不会答。你可以选择在每节、每页、每章或几个章节后背诵，根据你的个人情况而定。

背诵有许多好处。它督促你专注于学习内容（主动学习），保证你温习巩固所学知识（至少一次）。告诉你自己学了什么，哪里需要加强运用，从而更高效地利用学习时间。最后一点很重要，背诵会提供反馈，而反馈是学习的重要环节。不过，背诵最大的好处在于能提高考试成绩，它让你实际操练起来，就好像在考试中考查你记得的知识。事实上，背诵确实重要，无数研究都表明，你应该花多点时间操练这种学习技巧。在一项研究中，两组学生分别听 8 组词语，每组 5 个。第一组学生每组词语背 3 次，第二组学生只读 3 次。48 个小时后，两组学生参加测试，结果发现背诵组的学生记得更多。

背诵如此有效，却为什么很少有人用？是不是背诵不适合所有学习方式？各种学习材料都可以背诵，无论长短、难易、枯燥或有趣。很少有人背诵的原因之一是，很少有人意识到背诵的价值。但更重要的原因是，相比其他学习方式，背诵耗费更多功夫。阅读一个章节，跟通过背诵检查你的学习成果相比，花同样时间却要简单得多。

这种时候，学习伙伴能助你一臂之力。背诵给对方听，一个人问，一个人答，这比自问自答有趣得多。此外，想问题、在对方卡壳时提醒对方、给对方解释难题，或者听对方把难点解释给你听，这些都是学习的不同方法，都能促进学习。

重复

你重复得越多，就记得越牢，下次回想的时间就会越短。研究表明，不重复，知识很快就会被忘记。下面将详细解释。

为什么你认为老师们懂得很多？原因在于老师一遍又一遍、不厌其烦地重复所教的科目。随着时间的流逝，他们重复再重复，那些知识就在脑海中根深蒂固了。重复还有一个好处。通过大量训练后，困难的内容也会逐渐变得易懂。

但是，别忘了，重复的质量还取决于其他学习原则，尤其是专注。你的眼神四处晃悠，没专注在书上，这可不是重复学习，而是浪费时间。

即使你对某个知识滚瓜烂熟了，继续巩固它，你依然会获益。你肯定觉得，当你已经熟悉某个知识了，还去重复它（过度学习）肯定没什么效果。不过许多研究指出，事情并不是如此。即使你熟练掌握了某个知识点，重复会让你记忆更加牢固。在某项实验中，一组学生被要求反复重复一份清单里的内容，直到他们都记清楚了。已经认真记住了的部分又被要求再多花 50% 的时间重复巩固（过度学习）。也就是，当他们认真重复了 10 次后，又被要求再重复 5 次。第二天，研究人员测试他们还记得多少。几天后，再次测试记忆情况。在整个月里，他们定期接受测试。结果发现，认真记了之后还持续重复的学生在所有测试中成绩表现更出色。

这种现象可以部分解释为什么许多学生在考前拼命临时抱佛脚（他们了解了全部内容但没有花时间重复巩固），却在考试后很短时间感觉“全部都忘了”（见图 2-3）。

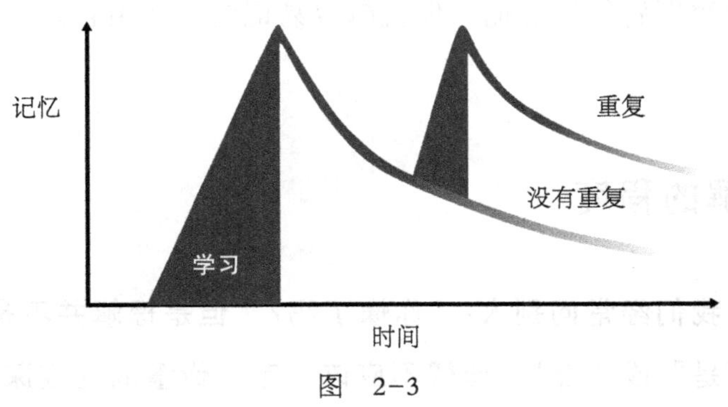

图　2-3

要点小结

- 专注（注意力）是一切学习的前提。你不能同时专注于几件事情。如果你不专注于正在学习的内容，那么之后什么也记不住。
- 意义和理解、兴趣、联想、图像化、总览和逻辑、背诵以及重复等学习原则都能让学习更加简单和高效。

理　解

正如前面章节所说，理解是学习的重要原则。对所学内容理解得越透彻，你就越容易记住并运用它。

理解的程度

我们经常问别人："你懂了吗?"但是理解并不是回答"是"或"否"。理解不应该界定为你懂的程度深浅。懂一点和深度理解是两码事。同理，懂一点法语和流利说法语根本不是一回事。如果你对某件事懂那么一点，但又不能详细阐述给别人听，那么你仅仅是肤浅地知道而已。跟深度理解后相比，懂一点而记住的时间很短。因此，花费在深度理解上的时间绝不会是浪费（见图 2-4）。

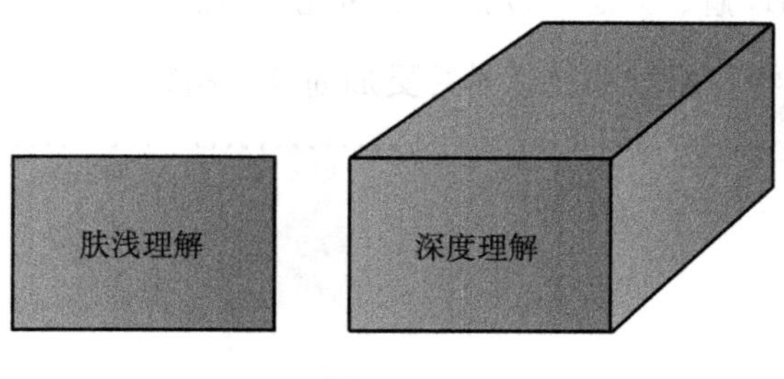

图　2-4

什么时候理解特别重要

通常，大学比高中更重视考查理解的程度。但实际上，理解问题一直都很重要。时间那么少，要学的那么多，所以不妨遵照几条简单易上手的经验规则，判定哪些时候特别需要深度理解。

有些课程原本就比其他课程要难一些。比方说，数学、量子物理和宏观经济学里的主要概念，远比历史和营销里的核心概念难懂多了。这类难懂的课程还存在一个重要特点，即其中许多概念都基于其他概念之上。如果你略过了一个概念，就很可能难以理解后续的概念了。这类课程通常比那些简单课程学起来需要付出更多心力。

然而，有些时候肤浅理解也能够“解决问题”，比方说使用圆周率 π（3.14）计算圆的周长及面积。你能解释什么是 π 吗？你不一定知道。不过你记得 π 就是 3.14，知道如何运用它。此外，如果深度理解则需要花费很多精力，而收效又太少，那么就应该好好想想如何区分轻重缓急。接下来，让我们总结一下，哪些情况下理解至关重要，而哪些时候我们又可以忽略它。

下列情况下，理解很重要：

- 不理解就很难记住；
- 为后面的章节或课程打基础；

- 未来生活中会常用到；
- 不仅考查记忆，还考运用；
- 考试会很深入，比较典型的是口语考试。

下列情况下，理解可以忽略：

- 理解比记忆更花时间；
- 对未来生活不重要；
- 没有足够时间来准备考试，时间最好花在其他学习形式上。

如何加深理解

要理解任何知识，我们都需要先掌握必要的先验知识。

接着，再做两件事就能达到深度理解了，那就是阅读和提问，还有自我测试（做任务），如图 2-5 所示。

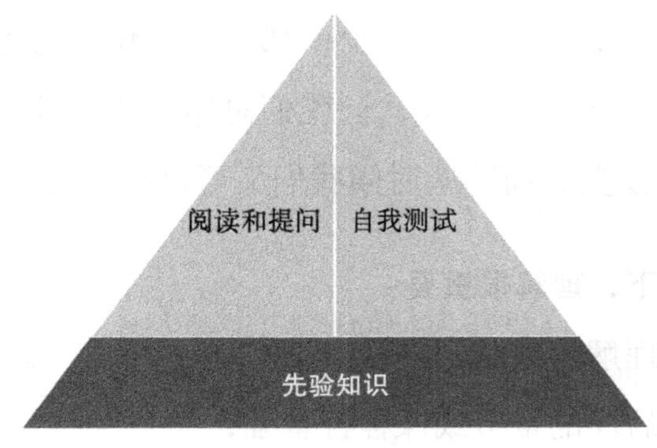

图　2-5

必备的先验知识——“保证你能建构知识大屋的地基”

统计学中将标准差定义为“测量样本或总体中的离散差”。如果你之前不理解什么是总体、样本和离散，要理解标准差几乎是不可能的。理解比记忆更依赖于你的先验知识储备。想要进一步理解某个事物，你得先理解其中的基础概念，这非常重要。我个人认为，这也是那么多人被数学折磨得不轻的原因。他们之前的数学基础出了问题，后来也就无法深入理解数学了，因为所有的数学概念都基于其他基础概念。

有些时候，问题却不是出在我们没有理解基础内容，而是我们忘记了。重新学这些内容并不让人觉得羞愧。再说，重新学习会非常快。当我在大学学习数学的时候，距离高中学数学已经过去了两年。当然，我忘了绝大部分内容。我把过去的旧课本拿回学校，重新学起来。原来真的有效。

阅读和提问

要理解新概念，你应该阅读课程教材，或者请教他人。记得运用主动学习的那些原则：联想、总览、专注和图像化。把新知识和旧知识联系起来。把它和其他事物放在同一个情境中。

- 找到各种不同解释。有时候，一个例子或一种解释并不足够。有时，教科书或老师的讲课也讲得不够清楚。在这两种情况下，不妨多查阅几种解释。你可以多参考几本书，或者找人给你讲解。如果你上网的话，也许还能找到更多解释。比方说，上网查查圆周率 π，看看它究竟是什么。

- 尝试图示。有这样一句古老谚语，“一幅图胜过千言万语”。理解复杂内容时，这句话太适用了。有时候言语无用。上网搜索图示或视频，会帮你解决问题。
- 带着问题睡觉。研究显示，当我们睡觉时，大脑也在持续解决问题，睡眠会增进理解。某项实验让两组受试者看一长串数字。这些数字以某种规则组合在一起，受试者必须找出数字背后的关联。很少有人能够当场想出答案，但睡了一晚之后，很多人都解开了这个问题。**如果你学了一整天，却还是没能理解某个知识点，那么不妨把这个问题放在一边，明天再来处理，这才是明智之举。**

自我测试——多做练习

尽可能多做练习，或者尝试解释你需要理解的内容。看看你的解释是否简单明了。想出你自己的例子加以解释，也想一些反例或者不适用的例子来推翻。如果这个难以做到，那么你就该多花一点时间进行以上步骤。

- 大量训练。有些概念很难理解，唯一的办法就是通过反复不断地接触，多做练习和学习例子。**要达到深度理解，多做练习非常重要。**

要点小结

- 理解分为表面理解和深度理解。理解越深入，就越容易记住，并且运用到处理新问题中。不过当你需要在短时间内学习大量内容的时候，你得平衡分配花在深度理解简单概念上的时间。
- 想提高理解程度，你应该确保你理解了基础概念和假设，找到多种阐述，并研究例子。做练习，并且尝试把新学的知识运用在自己身上。大量练习不可缺少。好的睡眠对理解也有帮助。

第3章

个人独立学习及与他人共学

个人独立学习

要想最大限度利用坐下来独自学习的时间，好好规划安排很重要，因为这样才能保证注意力和大脑在吸收知识时保持最好状态。在推荐具体的方法之前，请允许我加以详细说明。

专注

你还记得吗，专注是学习的重要原则之一？当我们专注的时候，我们处于一种高效、精力集中的状态。我们会在很大程度上自然选择专注的对象，但是专注力会受到个体内部和外部的因素影响。在下列情况下，我们更容易专注。

- 当你有积极性的时候；
- 当你有兴趣的时候；
- 当你没被内部因素影响的时候（焦躁不安、担忧焦虑、厌倦无趣或其他情绪）；
- 当你没被外部因素影响的时候（噪声、周围的动静、糟糕的空气）；

- 有生理需求的时候（睡觉、吃东西、喝水、舒适感）。

此外，对多数学生而言，他们都需要花一点时间才能进入学习状态，才能全神贯注在学习上。这不仅是因为他们需要时间准备好书本和其他文具，也需要让自己调整到学习状态中。**事实上，专家认为大脑需要 20 分钟才能进入专注学习的状态。**

大脑吸收知识的能力

学习知识之后，如果我们给予大脑一些时间消化所学的知识，大脑吸收知识的能力（我指的是大脑内部的生物过程）会更加高效。因此，学习期间适当休息是积极有益的，因为这能让我们更好地吸收所学的知识。如果在休息期间你什么也不做，大脑会回馈给你最佳的学习效果。如果你在休息期间看电视或者和别人聊天，效果就会差一些。与此同时，休息的时候做点什么，可以让你补充满精力和动力。因此，你应该好好决定如何打发休息时间。

一天之中什么时候学习，学多长时间，休息多少次，以及在哪里学习都是影响我们的专注力和大脑吸收知识能力的选择问题。让我们一起看看如果做出最佳选择吧！

一天之中的学习时间

选择让你最有动力，能以最大专注力学习和工作的时间。早上我总是心神不宁，而夜晚会感觉放松。因此，我一般选择在晚上学习。早上精力充沛状态积极，但之后精神疲惫的人，应在早上学习。你很可能也听过，在睡觉之前阅读是明智之举。这样做的好处在于，大脑能够更好地吸收知识，因为这时大脑不需要处理其他信息。

学习时长

前面说过，大脑需要 20 分钟才能达到专注状态。这就意味着你应该安排好你的学习，这样你就能学习好一阵了。不过，请记住，最完美的学习时长因人而异。有些人可以保持在半个小时内高强度且高效的学习。而我呢，除非有至少两个小时，否则根本坐不下来学习。如果少于这个时间（除非我打算复习），我基本上什么也做不了。如果时间少于两个小时，我宁愿花时间做其他事情，比如写封邮件、处理作业或者查看网上银行。

原则上，学习时长没有上限。我建议让你的注意力决定学习时长。只有这样做，你才能越变越高效。当你变得疲惫，感觉头脑昏沉，那就放下书本吧（除非明天考试）。如果已经学了五个小时你还感觉精力充沛、学习高效，那就不要打断。这也意味着有些日子不适合学习。**假如你头痛，经历悲痛的事情，缺少动力或感觉不佳，那就做些别的事情吧。遭遇一个状态不佳的日子，没什么大不了。**

休息

前面已说到，休息的重要性在于能够给大脑吸收和处理知识的时间。休息对保持专注力也非常重要。因此，学习期间穿插休息也很重要。

休息时长

休息时间并不需要太长就能给大脑留出时间吸收新知识。两分钟就够了。不过，要休息眼睛、放松注意力的话，你就要增加双倍时间。假如你打算坐下来学很长时间（超过四个小时），那么休息时间就应该增加。用吃饭来打发长的休息时间，也是相当聪明的做法。

休息之间的时长

你有没有想过，为什么几乎所有学校都把一节课设定为 45 ~ 60 分钟，然后下课休息？心理学家的结论是，两次休息之间最理想的时长就是大概 50 分钟。如果上课时间短了，就需要更多时间才能“进入学习状态”。如果时间长了，大家的注意力就容易分散。不过，即使 45 ~ 60 分钟是最佳的课堂长度，这也并不代表它是最适合你个人学习的时间长度。难易程度不同、科目不同、学生的学习情况不同，还有在其他一些情况下，50 分钟的上课时长也不一定都合适。45 ~ 60 分钟的学习时长可以视为一般规律，让你的身体告诉你什么时候该休息。如果一切进展正常，那么也可以不休息。当你意识到自己开始变得注意力难以集中，那就休息一下。这也取决于你的状态和学习材料的难易程度。如果所学的内容特别难，你的脑子就经常会很快感到疲累，那就需要更频繁地休息。每 15 分钟和每两个小时休息一次都是非常合适的学习安排。

学习地点

理论上，无论是在家里、图书馆里、自习室里，还是讨论室里学习，只要你能够保持高效学习，学习地点在哪里都没有什么差别。这也就是说，最佳的学习地点是让你充满动力和积极性，能够专注，不受打扰的地方。最完美的地方在于，它让你不想离开，你能在自然状态下安心学习，几乎没什么干扰，或者塞个耳塞帮你抵抗干扰。除此之外，以下几点也很重要：

- 足够大的工作间；

- 舒服的椅子（办公椅比长凳舒服）；
- 舒适的照明（如果光线不佳，你的眼睛很快就会感觉疲倦）；
- 良好的通风 / 空气质量；
- 方便拿到所需的东西（书本、字典、写字工具、打印机等）——需要什么的时候总能方便地拿到。

有些人在家里学习的效果最佳，因为他们在图书馆和自习室里很容易分心。但对大多数人来说，刚好相反！很多人觉得自习室和图书馆给人一种学习社区的感觉，会特别有学习动力。还有一些人能够忽略周围的动作和声响，所以在咖啡馆或室外这样的地方也能高效学习。在家里学习的好处是，当你饿了或者渴了的时候，厨房就在旁边；而在家里学习的缺点在于家里诱惑太多了（电视、电脑、做其他事等）。

学习的姿势

调整你的办公椅，让后背挺直，双脚平放在地上，双手放在桌上，这就是最佳的学习姿势。据学习专家彼得·孔普（Peter Kump）说，当你学习的时候，书本最好与桌面呈 45 度（见图 3-1）。

在任何时候，你都要尽量避免在被窝里或者沙发上学习（除非你在复习或者打算睡觉了）。一方面这样学习的效率会很低，另一方面你会很快因为觉得舒服而睡着。

图　3-1

音乐

心理学家们似乎不太赞同听音乐影响学习的说法。我个人的建议是，这要看你自己的感受。音乐和说话穿插发出声音，比如广播节目或者附带的广告，这些是糟糕的干扰，肯定会让你分心。如果我一边听音乐一边阅读，记住的内容就很少。但是如果我在写笔记或正在解题，听音乐的影响不大。不过当周围的声音太嘈杂，听音乐就是例外。在这种情况下，我通常会戴上耳机听音乐，因为我觉得，这时候那些不知道哪里冒出的杂声要比音乐更让人分心。

要点小结

- 专注是高效学习的核心要素。因此，当你感觉精力充沛的时候，请学习。确保学习期间不要被打扰而分心。
- 忘掉关于学习间隔和休息时长的规则。坐下来学习，直到你觉得需要休息的时候，再停下来休息！
- 确保你有足够大的学习台面、舒适的灯光，让一切所需触手可及。

课堂学习

当教材的内容非常复杂，老师的讲课通常就是这门课的核心。在这一小节里，我们一起看看如果充分利用课堂学习。

专注和参与

- **专注**。还记得学习的专注原则吧！不专注，无法学！你可以拿着手机坐在教室里，每次趁抬头的时候听点课，但你无法一边听课一边专注在手机上。

  我的侄女在德国学生物学，她有一个有创意的方法能确保在听课过程中保持专心。她和她的一位朋友在上课前互换手机，然后调成飞行模式。在下课之前，谁都不能拿回自己的手机。这样就能稳妥地移除干扰源，专心地听课了。

- **参与**。当你积极参与到课程中，比方说积极回答问题，学习效果会提高。

  参与也包括能主动抓住课程最重要 / 与考试

最相关内容的话语和关键词。当老师说“来总结一下”“最关键的”，和“这很重要，是因为……”这类的话时，聪明的学生会竖起耳朵，听得仔仔细细。

态度

当我们对学习不感兴趣的时候，我们会精神萎靡地靠在椅背上，或者用手托住下巴。我们的身体语言反映了我们的精神状态。不过目前许多心理学家认为，这种联系并不像我们以前认知的那样是单向的。身体语言不仅仅强化我们的心情和态度，我们也可以利用身体语言改变自己的精神状态。如果你的情绪有些低落，试着强迫自己微笑，也许心情就会好一点。我们的大脑将微笑和正面积极的事联系在一起。如果你觉得自卑，不妨挺直腰背，抬头挺胸地走路，你就会感觉更自信一些。你的身体把这种姿势和安全感联系在了一起。

同样，探讨身体姿势的研究也指出，如果你坐得直直的，身体微微前倾，握好笔，对知识的反应就会提升，也就学得更多。你的身体无法既专注又放松。

和谁同桌

同一时间你只能专注于一件事情。别和缺乏动力的人、让你分心的人同桌，这不明智。那些对课程充满兴趣的人，能跟你解释所学或激励你的人才是正确的同桌对象。

教室的座位

要想学习，最好的座位是在前几排中间的位置。坐在那里，你能清晰地看见黑板上的内容，也能清楚听到老师的声音。坐在教室前方比较不容易被打扰，因为你的视线范围内没什么人，受干扰的概率比较低。此外，这些座位是喜欢学习的学生们的最爱。

后排的位置最糟糕。远远坐在后面，会让你特别容易被坐在你和老师之间的同学干扰。看黑板也会费劲些，老师的声音也听不太清楚。

课前准备要有多充分

你是否提前阅读了课程内容，把上课当成复习，还是刚好相反呢？假如正在学习的内容很难，上课也听不太懂，那么很显然，你应该在上课前看看书做好预习，这样上课才能有收获。不过如果原本你就能从上课中得到收获，那么是否预习并不重要。如果你的时间不多，分配多一点时间预习最难的科目是比较聪明的做法。

我的一位学历史的朋友这样做课前准备："一般来说，我并没有时间在每堂课之前读完相关的全部章节。不过，我通常会阅读这些章节的摘要部分，并且快速浏览教学课件。这样的话，我就能知道这堂课讲什么，上课的时候也听得比较明白。"

你会主动提问的话，预习也有好处，你就可以在上课或课间时提出更好、更精确、更有深度的问题请教老师。如果你喜欢用思维导图做笔记，课前掌握一定的背景知识也是精明的举动。这样上课时收获就更多。

收获很少的课

即使你提前预习了，如果上课时仍跟不上，或者课堂收获很小的话，建议你最好考虑自己学习。你能否通过阅读教材、做作业、参与小组讨论或相似活动来学习课程？这样做的重要前提是，这不是必修课，或者出勤情况不影响你的成绩（这在高中很普遍）。不去上收获不大的课，其坏处是授课老师可能会在上课期间提示考试内容。在这种情况下，你不妨在课后与上了课的同学们交流，这样你就能够随时“更新”课堂信息。创建一个上课时刻表，几个同学轮流负责去上课，这也是可行之法。

要点小结

- 保持积极的、充满兴趣的态度坐好，这会让你更愿意学习。
- 坐在教室前部，这样能看清黑板，并且不会让坐在你前面的人使你分心。
- 和那些有学习动力并且不会让你分心的人一起坐。
- 提前阅读学习课程章节 / 课件，做好上课准备。当你上课总是跟不上的时候，做好上课准备格外重要。
- 如果上课的收获很小，那么你应该看看是否自己学习更好。

学习伙伴 / 学习小组

学习伙伴或学习小组都能带来巨大的帮助，不仅能激发你的学习动力，还让学习变得更有趣、更高效。

当我在美国加利福尼亚大学伯克利分校读书的时候，我们的课程繁多也非常难，作业和学习任务很多，全靠自己完成极其艰难，因此组建学习小组是很棒的点子。我们定期碰面，一起做作业，相互讲解难的概念，这节约了大量时间。我记得我们曾一起奋斗研究过一篇关于社会学中同态现象的文章。这篇文章非常难读，我读了两遍却什么都记不住。不过我们学习小组中有个朋友已经成功“破译密码”，他很快向大家介绍了文章的主要思想。

有了小组，知识就可以相互分享。小组讨论帮助大家深入研读教材。讨论中你也有机会教别人，这种促进自我学习的方法相当有成效。学习小组还有个好处就是大家彼此相互照应。如果你生病或缺课了，其他组员能把课堂重点告诉你。

不过，学习伙伴或学习小组也可能是低效的。大家一起学习，讨论的焦点可能很快就转移到好玩的事情上。**假如大部分时间你们都在聊天，那最好还是单独学习吧**！你也可以随时暂停学习，和别人聊聊，借此放松一下。

如果找到了合适的学习伙伴，你可以保持学习状态，这就是完美的开始。让学习小组发挥作用得满足以下条件。

（1）学习小组成员之间的知识能力差距不能太大。这不是指每个人都必须学习非常好，不过如果差距太大，学习效果就不好了。

（2）小组成员不能太多。最好不超过 6 个人。一般来说，2 ~ 4 个人效果最佳。

（3）每次聚在一起之前，最好提前商量好聚会的时长，要完成什么学习任务。没有这样的计划，很可能就乱套了，得不到什么收获。

学习惯例

学习小组可采用的惯例做法：

- 把课程内容分成若干份，分给每个成员一部分。每个成员负责自己的部分，理解它并做好笔记。小组聚在一起的时候，相互交换学习资料并分享笔记。
- 一起研究以前的考试题。当有人不会的时候，小组其他成员会帮助他。
- 考试前相互测试。

要点小结

- ▶ 只要是能让你专心学习的人，那么就值得和他一起学习。
- ▶ 学习小组集合前商量好要学什么、学多久。
- ▶ 学习小组成员以 2 ~ 4 个人最合适。

第 4 章

阅读技巧

阅　读

首先也是最重要的一点，**有效阅读技巧并不是指你读得有多快，而是你理解了所读的内容，摘录出重要的部分，并记住了它们**。学习并不是看你翻书的速度有多快，或者你能把同一章节读多少遍。**阅读速度快是一种优势，前提是不能牺牲理解和记忆。**

有效阅读

阅读时，使用以下学习原则至关重要。

- **总览**。开始读一本新教科书时，你应该首先阅读目录。熟悉一本书的宏观结构可以帮你把学习内容对号入座。再看看书中还有哪些学习资源（关键词列表、附录等）。一位学金融的朋友称这种总览方式是“坐上直升机”。他说：“我从不会一页一页地看书，这毫无效率可言。相反，我总是先‘坐上直升机’，也就是总览课本。所以我读的是重点，然后再做扩展。”
- **专注**。隔绝所有声音和图像，专注阅读。阅读时应主动，不断问自己：哪些部分是重点？

- **联想**。读完每个部分都问问自己：这和我以前知道的有什么关系吗？
- **兴趣**。想一想你所读的内容对你有没有帮助，不仅仅是取得更好的成绩，也包括获得宝贵的见解和能力。

想要记得更牢固，可利用图像化、背诵和重复的学习原则。做做笔记，可以在文中画重点，做传统式的笔记，或者使用思维导图（见本节的要点小结）。

使用 SQ3R 阅读技巧

阅读技巧可帮助你落实高效学习的各种原则。最古老的阅读技巧始于 1947 年，被称为 SQ3R 阅读技巧（即总览、提问、阅读、背诵和回顾）。后来的阅读技巧都是在它的基础上发展而来的。

- **总览**（survey）。快速对章节内容进行总览性的阅读。读引言、大标题、小标题、加粗的重点文字和章节总结。这部分所花时间不要超过 5 分钟。
- **提问**（question）。问问自己下列问题：阅读本章的目的是什么？读完后了解了什么？这样，你就为自己设定了一个阅读目标，就不会随随便便漫不经心地阅读了。如果这个章节后附有习题，可以问自己这些问题。我的一位朋友这样解释这个方法的好处："阅读时，因为带着具体问题，学习效果就会显著提高。"请不停地问你自己：我究竟从中学到了什么？这和我以前所知道的有什么联系呢？

- **阅读**（read）。以感觉舒服的速度阅读。把重心放在理解上。
- **背诵和回顾**（recite and review）。尝试用你自己的语言复述读过的内容。回答自己提出的问题。问问自己：我刚刚读了什么？如果你无法回答，那么就回头重读一遍。如果阅读的目的是记住内容，那么一半的时间可用于归纳总结。

有效的资料

如果你主要把教材当作参考资料，时常查词汇、关键词或者参考里面的内容，那么做好标记很重要。不妨在重要的页码插入小便签纸或回形针。每次你需要的时候，就不必翻来找去，可以节省一点时间。

你不需要读完全部内容

有些同学很想把书从头到尾读完，如果不读完，或中间跳过几个章节，就会感觉非常难受。要成为一个高效的阅读者，很重要的一点就是摆脱这种执念，忽略掉冗余的部分。不是作者写了什么，你就得全部读一遍。挑剔点！教科书写得很长，这样出版社就能卖出更高的价格，但并不是每字每句都重要。如果有更好的书、更好的学习途径，那就停下来不要读这本书了，赶紧换其他的吧！

阅读字数的多寡和学习收获没多少关系，我在牛津的经历很好地说明了这一点。那时我选修了几门曾经在本科学过的课程。不过，牛津根本不提供教科书，只发几篇短文供参考，总共不超过 50 页。这和我本科时候使用的 800 多页大部头的课本相比，真是对比强烈。我问其中一位老师原因，他回答道："阅读 800 页只为学习几个基本概念，效率实在太低了！你哪有那么多时间啊！"

阅读速度

解释快速阅读为什么对学习有益，其实完全没有必要。不过你知不知道快速阅读会提高你的专注力呢？这就好像司机以 100 公里时速开车时，会比他以 50 公里时速行驶时更加专注。阅读速度越快你也就会越专注。没有一流的专注力，要想达到快速阅读是不可能的。

一般人阅读的速度是每分钟 250 个字。只有不到 1% 的人每分钟能阅读超过 400 个字。极少人能有宇宙光速般的夸张阅读速度。比如英国的安娜·琼斯（Anne Jones），她能在 47 分钟内读完《哈利·波特》的最后一部。这也就是每分钟读 4224 个字。

学习能力强的重要表现之一是，你是否能够根据阅读材料调整阅读速度。我们的目标并不总是快速阅读，而是能以合适的速度阅读。我们把阅读的目的分为以下几种：

- 总览内容；
- 理解和记住新概念；
- 找到问题的答案；
- 复述学过的内容；
- 娱乐消遣。

如果你通过扫读文章来找到问题的答案，那么就可以读得快些。如果你读的材料较难，又是第一次阅读，那么速度肯定快不了。表 4-1 将告诉你何时该调整阅读速度。

表 4-1

阅读速度	字数 / 每分钟	适用情况
非常慢	< 200	全新的、内容艰深，且没有背景知识的阅读材料。阅读的目的是理解内容
慢	200 ~ 300	中等难度的阅读材料，稍微具备背景知识
快速	300 ~ 600	阅读材料简单，背景知识丰富
非常快	600 ~ 800	粗略了解了总体内容，重复阅读已熟知的内容
略读	>800	寻找关键词

这部分所讨论的重点并不是阅读速度的精确分类，而是认识到不同阅读速度适应不同的情形。每个人都能

快速阅读。提高阅读速度的好处良多。接下来，让我们看看该怎么做。

要点小结

- 有效阅读技巧并不是指阅读速度，而是你究竟理解了多少，记住了多少。
- 你不需要读完全部内容。把注意力集中在理解和记忆上，而不是你读了多少字。
- 使用 SQ3R 阅读技巧，在阅读中实践学习的基本原则。
  - S 总览（先快速翻阅整个内容，最后读总结）；
  - Q 提问（问你自己为什么要学，这样做为什么重要）；
  - R 阅读；
  - RR 背诵和回顾（背诵已学的内容，可以在学完一小节、一页、一章之后进行。如果说不出来，那么就回头重新再读一遍，然后再来尝试）。

快速阅读

本节是对前一节“阅读”的延伸。想要充分利用这部分内容的要点，你得先读完前一小节。

快速阅读的技巧旨在减少或消除影响阅读速度的各种因素。等我们熟练掌握了这些技巧，阅读速度提高两倍或三倍是很正常的，而且这并不影响记忆效率。在具体探讨这些技巧之前，让我们先来看看影响阅读速度的因素究竟是哪些，究竟是什么拖慢了我们的阅读速度。

- 单个词簇太小（每次只读一个字）；
- 默读（动嘴唇或在心里默念看到的每一个字）；
- 回读（回头重新读已读过的地方）；
- 注意力不集中 / 做白日梦（想到阅读内容以外的事情）；
- 阅读材料的难易程度和先验知识储备。

单个词簇太小

阅读时，眼睛的扫读速度并不是匀速不变的。眼睛以微小的幅度转动，聚焦时，双眼要保持不动。这大概是 1/4 秒的时间，在这个时间内很多人只能读一个字。想要提高阅读速度，你就需要习惯在双眼每次停住时摄取到**更多词**。你可以按照以下方式训练自己（见图 4-1）。

夏日的夜晚很长。天还没有黑透。此时，汤姆检查了下他的口哨。一个陌生人站在他前面——一个男孩，身形比他魁梧很多。

夏日的夜晚很长。天还没有黑透。此时，汤姆检查了下他的口哨。一个陌生人站在他前面——一个男孩，身形比他魁梧很多。

图　4-1

默读

与单个词簇太小问题紧密相连的是默读问题。简单来说，默读就是你在脑子里朗读所见的词句。你在默声朗读，自己“听见”了所读的词句。有人默读时，嘴唇甚至会不自觉地动起来。这就会拖慢我们的阅读速度，因为默读的速度和说话的速度一样（大约 150 个字 / 每分钟）。然而默读确实多余。大脑思维的速度远快于说话的速度。看到一副轿车的图像，你是不是马上就明白了它的意义？为什么写成文字你就要朗读出来呢？为了达到快速阅读，你必须停止这种不必要的举动。让我们看看图 4-2。

不默读的人看到字词后，大脑立即反映出意义（见图 4-2a）。默读的人激活了她内在的声音和听力，然后大脑才能了解意义（见图 4–2b）。这种习惯比其他降低阅读速度的习惯更难以改掉。我们一会儿再来看看该怎么处理它。

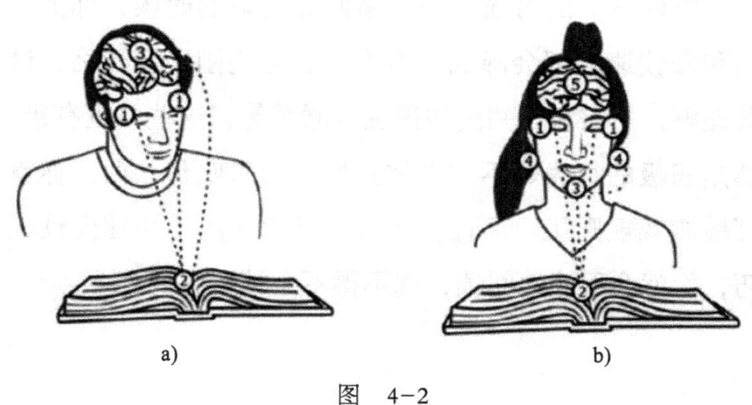

图　4–2

回读

如果你时不时回头重读的话，阅读速度肯定快不起来。很多人是下意识做了这个举动。先读完了一部分，然后回头把读过的句子再重读一遍。这通常是由于注意力不集中或者对自己的记忆能力缺乏自信引起的，请看图 4–3。

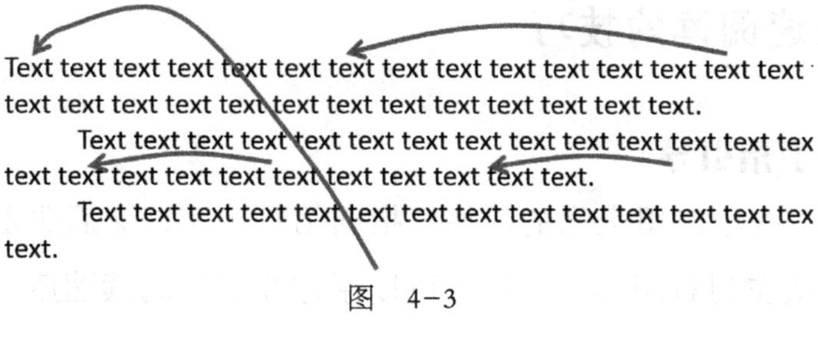

Text text text text text text text text text text text text text text text text text text text text text text text text text text text text.
Text text text text text text text text text text text text text tex text text text text text text text text text text.
Text text text text text text text text text text text text text tex text.

图　4–3

注意力不集中 / 做白日梦

做白日梦的时候，任思绪四处发散的时候，你的记忆和阅读速度都会降低。停下来思考刚刚读了什么，试着理解，把它和已知的知识加以联系等，这些并没有错，都是积极的行为。不过当你开始想晚餐吃什么时，你就打破游戏规则了。不过，还好一旦你使用了快速阅读技巧，你就会很快地阅读，就不得不全神贯注。

阅读材料的难易程度和先验知识储备

厚重的专业性图书总是要花很多时间阅读，因为你时不时需要停下来思考刚刚看过的内容。阅读外语书籍也是一样。你会遇到很多不认识的字词，你就必须停下来思考。这类型的书都不适合进行快速阅读。

快速阅读的技巧

用手指引导

阅读时用上你的手指。指向第一个字，然后跟着手指从左到右阅读。一开始可以用你原本的阅读速度，这样做是让你习惯使用手指。之后由你的手指决定阅读速度，眼睛跟着它快速扫读。这个技巧的好处在于能避免回读，确保你以固定的节奏阅读，强迫你专心。

我建议你用手指做引导，用圆珠笔或其他东西替代也未尝不可。如果你是在平板电脑上阅读，可以拿张纸卷成管状来引导阅读。

增大词簇容量

前面提到，我们的眼睛需要 1/4 秒的时间停下来聚焦。为了提高阅读速度，我们以 2 ~ 3 个字为一个词簇的方式来阅读。很多人对这个技巧感到陌生，不过这并不难。举起你的手，四指并拢，注意力放在中指上。你会发现，虽然你在盯着中指看，但你也能看到食指和无名指。

更快地阅读

当你习惯用手引导，也适应每次关注更大的词簇时，最后一步就是加快阅读速度。你的理解水平会暂时下降，不过不要让这个问题烦扰你，随着时间推移，理解问题会解决。手指引导阅读时，尽可能加快手指的移动速度吧！

减少默读

这是最难纠正的习惯了。有些人甚至永远无法完全改掉它。不过，运用快速阅读技巧后，你的阅读速度飞快，以至于你很难在脑海中把它们都读出来。每减少一次默读，你的阅读速度就会提高一点。比如下面的句子，你可以只读出加粗的字词：“很多人认为**苏格拉底**是**第一位**伟大的**哲学家**。”努力改掉默读习惯的时候，你可以尝试念成：“×××××××”或“A-B-C-D、A-B-C-D”。

快读阅读的原则

熟能生巧

学习快速阅读就好像学习游泳。你需要花费时间，按照针对性的练习方式勤奋练习。事实上，你必须每天花 20 分钟练习。大约 4 ~ 6 周后你的阅读速度会提高 2 ~ 3 倍。

要耐心

前面我们曾提到，一开始你的理解程度会下降，这可能会让人感觉沮丧。每天稀里糊涂地阅读 20 分钟，什么也记不住，实在让人提不起兴趣，毫无意义。但是，要掌握快速阅读，这是必经之路。你的眼睛需要习惯这种新的速度。理解会来得慢些，但肯定会在之后解决。

用简单的文本练习

别用厚重的专业性书籍，或者充斥着外文和复杂句子的书籍作为快速阅读练习材料。别拿古语连篇或者都是超长句子的小说，比如莎士比亚或其他古典作家的作品。选择内容相对简单的书，你曾经读过的书就再好不过了。

测量你目前的阅读速度和阅读进展

前面提到过，阅读速度可以按每分钟所读的字数来算。为了测量你的阅读速度，你得阅读 1 分钟，然后数数你究竟读了多少字。如果你希望测量结果更准确，那么就阅读 5 分钟，再把所读的总字数除以 5。用 Word 软件可以快速算出字数。把文本复制到 Word 文档中，标记出你在 1 分钟内所读的位置，右下角就会显示所读字数。另外一个计数方式是以每 7 个字排成一行。把已读文本按 7 个字一行分开，然后乘以行数，就知道你读了多少字了。

要点小结

- 提高阅读速度，你应该习惯于：

  （1）2 ~ 4 个字的词簇；

  （2）用手指作为引导，跟着手指以匀速扫读文本；

  （3）专注阅读，你就不会回头重读已读过的部分。

- 提高阅读速度需要花费时间和训练：每天 20 分钟，一般 4 ~ 6 周就可以让阅读速度提高一倍。进行快速阅读训练时，专注在速度上，理解的问题会解决得慢些；当你习惯了快速阅读技巧后，速度和理解都会逐渐提升。

第 5 章

笔记技巧

有人建议我们把最重要的信息写在盒子里。

传统笔记

记笔记就是把书本或课堂里最重要的内容记录下来，这样复习备考的时候就有重点总结可参考。

记笔记的好处

（1）主动消化学习材料，积极思考，并用自己的语言记下关键点，这样记笔记本身就是学习。

（2）拥有一份内容精简，专为复习备考量身准备的学习材料，能节省不少时间。

（3）有些课程不提供任何课程笔记，那么自己的笔记就是唯一的课程学习资料。

究竟是用电脑做笔记还是手写，大家对此意见分歧很大。我的态度很简单：找到适合你的方式即可。电脑记笔记打字速度比较快，后期处理也简单些，还避免了手写字迹潦草难认的问题。不过如果是包含大量图表和公式的课程，除非你的电脑触摸屏效果很好，否则记录它们会让你相当抓狂。

主动记笔记

还记得“专注”这条学习原则吗？如果你只是一字不漏地照抄复制了某个内容（做了个副本），你不会学到任何东西。保持专注和找到做笔记的意义，两者同样重要。用你自己的语句记笔记，无论是做课堂笔记还是阅读笔记，这一点都适用。实践“专注”原则还有一个方法，即做阅读笔记时，靠你的记忆情况记笔记，不得已的时候才翻书查阅。

保持精简

要有所取舍，记下最重要的内容。避免花很长时间抄写和阅读整段话。使用缩略语或简称。如果是看书记笔记，不妨等到你把全部内容都读过一遍再开始记。一边读一边做笔记时，你可能会记下太多内容。如果是一边听课一边记笔记，这一点就更重要了。你记下的字越多，注意力就会更多地转移到抄写记录上，而不是好好听课。精简的笔记也易于快速阅读。

例 1

沃尔夫冈·阿马迪厄斯·莫扎特生于1756年，死于1791年。

→莫扎特（1756—1791）

例 2

挪威的法律体系由三级法律机构组成。第一个是地方法院。所有案件都先在这里审理。如果一方不满意地方法院的审判结果，他们可以向上一级法律机构申述，即上诉法院。如果一方不满意上诉法院的判决，那他们就可以向最后的法律机构即最高法院上述。

→挪威的法律体系：地方法院⟹（上诉）⟹上诉法院⟹（上诉）⟹最高法院

结构化和系统化

记得“总览”这条学习原则吗？按照逻辑结构整理笔记，会更易于阅读和记忆。谈到逻辑结构，自然会想到层级结构，那就运用它。使用标题、项目列表，圈出要点，使用*斜体*、下横线、**加粗**、背景颜色、符号、图解和色彩等。

康奈尔笔记法

这是由康奈尔大学沃尔特·波克（Walter Pauk）博士发明的笔记法。简单来说，这种方法就是将一页纸分割成三部分：主笔记区，左边空格为用于记录问题和关键词概念的线索区，下方空格为要点总结区（见图

5-1）。康奈尔笔记法的优点在于它迫使你系统思考，并抓住关键点。

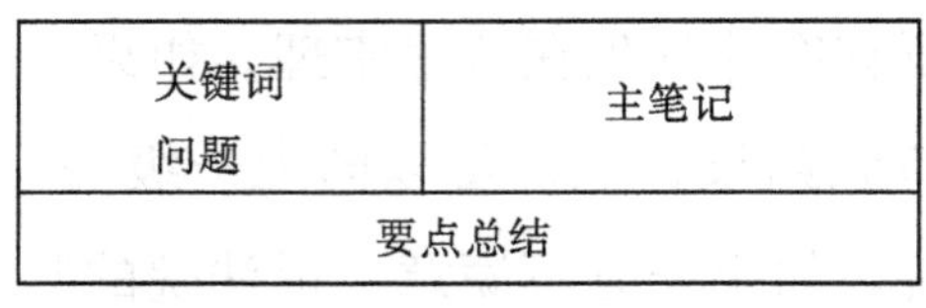

图　5-1

我是否应该整理一份干净漂亮的笔记

有些人建议应该在课后把笔记整理得干净漂亮。我觉得这取决于笔记的作用和质量。如果笔记的内容看起来清清楚楚，那就没什么必要再去整理一份更漂亮的手写笔记了。这样做你什么也学不到，这个时间还不如花在其他事情上。不过，重新抄写一份干净的笔记备份（经过整理的）还是有一点好处的，它是复习的好方法。

应该做多少笔记

衡量记笔记的好处，你得问问自己同样的时间如果花在其他事情上情况会不会更好。正如前面所说，仅仅是照抄，你什么也学不到。如果记笔记导致你没法“跟上”课堂教学进度，那么你就得重新考虑。你是否拿到了授课老师的教学课件或其他重要资料？或者说，课堂上讲的内容是否在教材里面也解释得清清楚楚了？你记笔记是为复习备考准备的吗？如果你仅仅把它们抄一遍，却从不打算回头再看，那么记笔记就没什么意义。如果之后老师会发给你相同内容的讲义，记笔记就更没意义了。你还得注意到，记笔记需要花费时间。有时候直接在教材中高亮标注重要内容，在空白处记点什么作为笔记，也是不错的方式。

要点小结

- 除非确定以后会使用才记笔记。
- 利用学习的总览原则记笔记，使用层级结构、项目列表和方格。重要的内容画线、加背景颜色、使用符号，最好用多种色彩进行标注。
- 记笔记要有所取舍。用你自己的话记录，内容精简。

思维导图

思维导图这种视觉化的笔记方法已经有几百年历史了，但它真正流行起来是在20世纪50年代。思维导图的追捧者认为它比传统笔记法更加灵活、有趣和有效。

其优点之一在于它能显示出概念之间的相互联系，用很少的话语传递大量信息。这种方法建构在“专注”“联想”“总览”和“图像化”这几个学习原则之上，也因此很多人认为它很高效。它可以用来做课堂笔记，也可以用来做读书笔记。一位读政治学的朋友告诉我她是这样使用思维导图的：“过去我常常把较难的内容画成思维导图挂在墙上。这样我就能‘无时无刻’看到它。每天特地看它好几次，每次5分钟。考试的时候我能回想出我的思维导图，尤其当我遇到难题时，我就想象它在我眼前，于是就能想起上面的内容。”

高效思维导图的重要原则

- 尽可能使用大的纸张。这样能有足够大的空间绘图，而不用费尽心思找空间挤下全部内容。

● 纸张横放，以便有空间往左右延伸。

● 把主题写在纸张正中间，画出分支。每条分支上最多写一两个关键词。重要的词条写在最靠近主题的地方，不太重要的内容就写在稍远的地方。

● 使用结构图或层级图。沿水平方向写字，这样使用的时候就不需要转动纸张才能看清楚字。

● 书写清晰。尽可能优先使用具象的词语。

● 发挥你的想象力。画一幅让你自己感到骄傲的思维导图，涂上色彩，使用符号和图形（见图 5-2）。

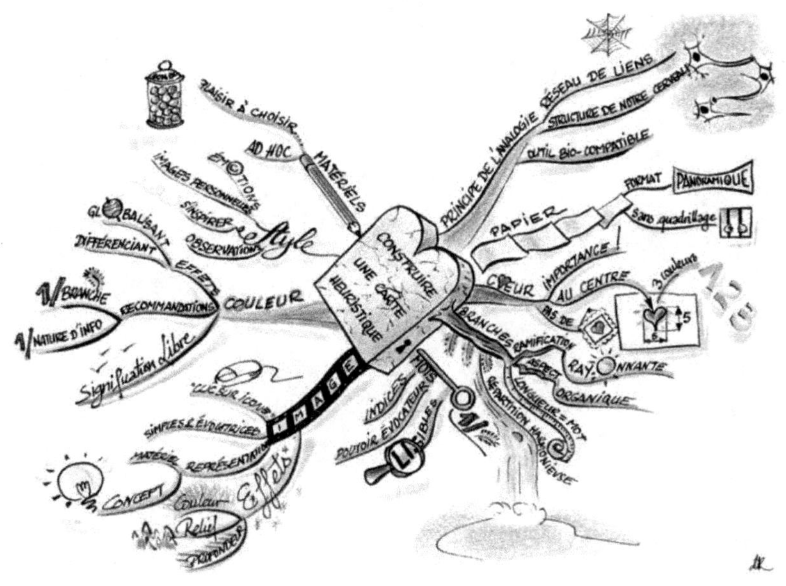

图　5-2

要点小结

- 思维导图可供快速总览，显示概念之间的相互联系。
- 从纸张的正中间开始，画几条分支，文字沿水平方向写，以便再看时不用转动纸张阅读文字。
- 发挥想象力，使用颜色、符号和图形。

高亮文本

第三种笔记方式最简单，即用荧光笔在教科书里高亮标注重要的句子、关键词、定义、图表等。

高亮文本的优点

- 比传统笔记法更快，因为你不需要用自己的话语做记录。
- 如果需要深入学习笔记，比如找到某个词条的解释，翻开书就能看到了。
- 笔记的位置一目了然。

高亮文本的缺点

- 当需要把笔记带在身边的时候，你就不得不把整本书带着（除非你使用的是电子书）。此外，如果这本书太厚的话，翻书就要花去不少时间。
- 重读时没法用“崭新的眼光”阅读这本书了。（你需要这样吗？）

- 你之后打算把书卖掉的话，书就不值钱了。（这重要吗？）
- 借来的书不能做笔记，只能自己买。（无论多贵，你都要买一本吗？）

高亮文本的原则

- **仅高亮标注重要的内容**。如果所读的内容全都很重要，而你之前对这个话题知之甚少，那么需要高亮标注的内容就比较多。如果书中写的干货不多，例子浅显，而且你对这个话题比较了解，那么需要高亮标注的内容就相对较少。通常高亮的比例大概保持在 20%。
- **主动标注**。不要想当然地随意使用高亮，别下意识把所有斜体或加粗的内容都高亮标注出来。问问自己“这个重要吗”“为什么重要”。
- **谨慎挑选荧光笔的颜色**。使用一种颜色，或者创建自己的颜色系统以标注不同类型的信息。比方说，关键词用一种颜色，公式用另一种颜色，例子用第三种颜色。也可以用颜色区分重要程度：最重要的内容用一种颜色，次要的用第二种颜色，额外的阐述用第三种颜色。有一次乘坐火车时我旁边坐了位师范生，他就使用了一套颜色系统。他用黄色标注重要或有趣的内容，用橙色标注较难理解需要之后再研究的内容。他还用圆珠笔记录自己的问题、想法和好点子。他觉得这种方法让他下次重读时更易上手。

- **别着急，再等等**……在没有读完整节或整页之前，请不要高亮标注任何信息。否则，你很可能标注了太多内容，或者在错误的地方做了标注。如果你对阅读材料了如指掌，一眼就能够看出哪些是重点，那么这条原则就不适用了。

再进一步

如果你决定好了在教科书上做笔记，那么大可在书的各种空白处做记录，写下你的笔记、问题、相关知识以及补充信息等。

要点小结

▶ 不要高亮标注所有内容。通常高亮的比例为 20%，内容要有选择性。停下来问问自己哪些是重要的。采用单一颜色标注或创建自己的颜色系统。

第 6 章

记忆技巧

传统记忆技巧

记忆技巧帮助大脑以尽可能简单的方式记住学习的内容。你大可选择死记硬背的方法，一股脑往下背，不过这种方法的进度往往很慢。让我们来看看有哪些捷径吧!

构建联系

最简单的记忆技巧就是构建与你已知信息之间的联系（记得学习的联想原则吧）。想象你正在学习挪威的政党。左翼党是历史最悠久的政党，右翼党是历史第二悠久的政党，你想快速记住这些内容。那么你可以联想到我们“从左到右阅读”的习惯，这样就能快速记住了。

看看能否将事物分类

你有没有想过为什么说电话号码时总是把 3 ~ 4 个数字合在一起说呢，比如 226-784-24 或 9456-9893，而不是 2-2-6-7-8-4-2-4 和 9-4-5-6-9-8-9-3？其原因在于，这样的一组数字要比 8 个单独数字好记。相应地，英语单词“group”要比“g-r-o-u-d”好记得多。我们整体记一个单词就够了，而不用记 5 个单独的字母。

找到规律

如果你能找出潜在规律或原理，学起来会简单一些。找出规律的好处就在于需要记忆的内容变少了。不需要记住全部成分，你只要按规律分组来记忆就够了。你可能听过英语单词“Mississippi”，它是由成对的字母拼写而成的，“Mi-ssi-ssi-ppi”，颇有规律。再举个例子，请看这组数字：6911141619212426293134 36。记住它们需要很长时间。不过，如果你找到其中的规律，速度就快很多。这个规律在于 6，6 接着往上加，+3+2+3+2……即 6（+3）9（+2）11（+3）14（+2）16……现在，要记住这个数字，你只需要记住它们是从 6 开始，后面是加 3 再加 2 的规律，依次往后，最后以 36 结束。

看看能否编成口诀

如果你能把所学编成口诀，记起来就比较容易。你可能记得，化学课里提到，往酸里加水没有问题，不过往水里面加酸就会非常危险。你可以把它变成一句口诀：“酸里加水很平安，水里加酸心难安”。

使用首字母缩略词与造句

如果要学习多组词语，不妨看看每个词的首字母是否能组成一个单词（首字母缩略词），以方便记忆。以前你可能听过用“ROYGBIV”这个单词背彩虹的颜色吧（red 赤，orange 橙，yellow 黄，green 绿，blue 蓝，indigo 青，violet 紫）。而单词“SPA”告诉你希腊重要的哲学家苏格拉底（Socrates）、柏拉图（Plato）和亚里士多德（Aristotle）的名字和他们的先后顺序。有时，把首字母缩略成有意义的单词并不容易。那样的话，可以改为造个句子。下面的句子提示你太阳系行星的正确排序：“My Very Educated Mother Just Served Us Now”（我受过高等教育的妈妈正在为我们上菜）（Mercury 水星、Venus 金星、Earth 地球、Mars 火星、Jupiter 木星、Saturn 土星、Uranus 天王星、Neptune 海王星）。

记数字的话，也可以用另一种造句方式，即用单词中的字母长度代表数字。比如，“Can I have a ticket”这句话提醒你圆周率 π 是 3.1416：“Can（3）I（1）have（4）a（1）ticket（6）。”

死记硬背

尽管好的记忆方法意味着可以记忆更牢固，但有时可能会花很多时间，尤其是在学习材料很难或找到合适记忆方法费时的情况下。这时，不妨用最传统的死记硬背法。不用发挥什么想象力，一遍又一遍地背同一份学习材料即可。如果你的时间不多，第二天就要用到的情况下，你必须找到能让你在最短时间内记住学习内容的方法，而这个方法就是死记硬背。

重复和背诵

请记住，不论用哪种记忆技巧，重复和背诵都很重要，它能让你真正学到位。你可以利用自己的笔记、课堂笔记，或者教科书。除此之外，还可以使用闪卡。

闪卡

闪卡很好地将重复和背诵练习结合在一起。看着卡的一面，试着背出卡另一面的内容。可以洗洗牌，调换闪卡的顺序，看要读哪一面。闪卡非常适合在短时间内进行重复记忆。你可以下载手机 APP，创建电子闪卡，这样就能随时随地带着它。图 6-1 演示闪卡如何使用。

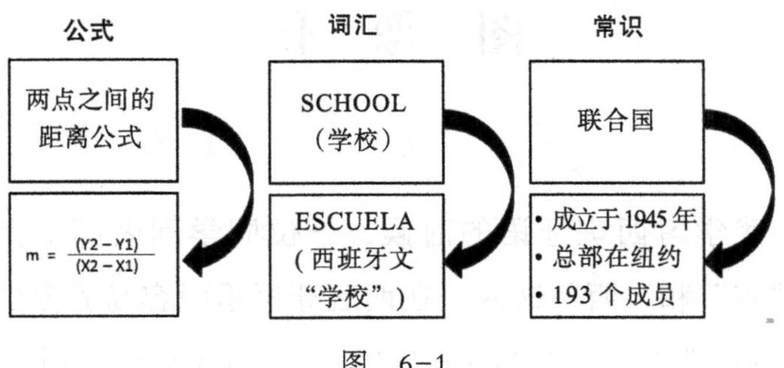

图　6-1

要点小结

▶ 需要记东西的时候，你应该找寻规律，发挥联想。看看能不能自创口诀，运用首字母缩略词和造句的方法提高记忆效果。

图 像 化

我学习西班牙语的时候，一位同学问老师如何区分“东”和“西”这两个在西班牙语里面容易弄混的单词“este”（东）和“oeste”（西）。老师给出了一个听起来让人匪夷所思的建议：“想象一下，有个牛仔拔出左轮手枪。你紧盯着左轮手枪的圆形瞄准器，它看起来就像‘oeste’中的‘o’吧！这时你就知道了你正身处荒野的西部。”这个答案惹得大家哄堂大笑。老师运用了非常重要的记忆技巧。图像化技巧是所有技巧中最厉害的，让人记忆深刻。**人类大脑对图像的记忆远胜于文字**。

什么是图像化

图像化技巧就是使用想象力在脑海中为学习的内容创建一幅图像。这个技巧非常有效，因为它包含了学习的全部原则。不论学习材料的理解难易程度如何，你都能为它们构建一幅图像，赋予意义（理解）。把所学内容和其他事物联系起来（联想）。它也要求你专心（专注），并且需要结构化思考（总览）。

如何图像化

（1）确定学习的内容。必要时转化成关键词或短句。

（2）想出跟这些词句相似的词或符号。

（3）构建图像。

假设你要学习 1911 年阿蒙森（Roald Amundsen）靠滑雪到达南极点的历史。你知道这件事大概发生在 20 世纪初期，但是你需要记住确切的年份。滑雪板代表阿蒙森，南北两极代表数字“11”。因此，你想象出的图像可能会是立起来形似“11”指向南北极的滑雪板。

有效的想象

为了让想象的图像更有效，你必须身临其境，完全置身于其中。确保你真的能想象出这样的场景。闭上双眼，也许能帮助你专注起来。有效的想象基本都包含三个特点：互动性、动感和夸张。

互动性

让想象中的每个部分都和其他部分相互联系，而不要让它们只是静止一旁，互不相干。

动感

让想象的图像具有动感，让画面活起来，好像现实中的小视频片段一样。

夸张

给想象的图像添加越多的夸张元素，它们就会更加鲜明，越容易被记住。

让我们看个例子。假设你要学习西班牙语单词“cama”（床）。我们可以想象一只骆驼（camel）和一张床。但是这样的图像并不具备以上提到的几个特征。相反，如果我们想象这只骆驼像个孩子一样在超大的床上跳上跳下，我们就积极地运用了上述原则，赋予这幅图像以互动性、动感，还加上一点点夸张。

好的想象是神奇的工具。当我学习硫酸的表达式 H_2SO_4 时，我在脑海里创造了一幅由 2 个“H”和 4 双袜子（sock）组成的图像。我想象这是一个电脑游戏，两架“H”造型的飞机正在攻击袜子。这幅图夸张而充满动感，H 和 SO 彼此互动（见图 6-2）。

图 6-2

还记得西班牙语的东和西，“este”和“oeste”分别对应哪个吗？自那以后，我再也不会弄混了。

图像太多怎么办

如果你想出了太多可用于代表关键词的图像，该怎么办呢？一般来说，无论在哪种情况下，用自创的图像都会比用别人建议的图像效果好得多。此外，通常最好的选择肯定是你最先想到的那个，因为未来回想时你很可能最先想到的就是这些图像。

组合

图像化技巧也能和传统记忆技巧组合起来用。人们通常使用首字母缩略词“HOMES”来记忆美国的五大湖，它分别代表 Huron（休伦湖）、Ontario（安大略湖）、Michigan（密歇根湖）、Erie（伊利湖）、Superior（苏必利尔湖）。记住这个缩略词，你可以想象一栋漂浮在水上的房子（home）。

图像化技巧的局限

逐字逐句

图像化技巧最适合学习关键词和概念，而无法逐字逐句记某个句子或段落。

时间

想象一幅图像大概需要 4 ~ 8 秒。假如学习材料的呈现速度太快，比如老师讲课时，图像化技巧的效果往往不佳。

抽象的学习材料

“同情”“分析”以及其他一些抽象词汇都难以图像化，因为很难想到用什么图像来描述它们。这不仅很费时间，还可能带来风险，会记不住图像代表的意思。在这种情况下，使用传统的记忆方法会更有效。

想象力不佳

有些人想象力不够，难以想出好的图像。然而，每个人都能通过训练改善想象力，只不过，如果你真是缺乏想象力的人，那么图像化技巧对你的帮助有限。

要点小结

- 图像化，即脑海中想象一幅图像，是最有效的记忆技巧之一。
- 有效的想象应该具有互动性、动感和夸张元素。

位置记忆法及其他图像化记忆法

图像化记忆的功能类似于大脑的档案系统，用来储存记忆多组关键词。这种方法非常适合于记忆列表和模型。其优点在于，不仅仅能让你记住多组词语，也能够记住特定顺序（这点通常很有用）。最为人熟知的这类记忆方法有：串联记忆法、故事记忆法和位置记忆法。

串联记忆法

在串联记忆法中，为想要学习的词汇构建图像，然后把两两相互关联成为一幅：第一幅关联了图像 1 和图像 2，第二幅是图像 2 和图像 3，接着是图像 3 和图像 4，依此类推。这就好像你沿着绳索，两手交替着向上爬。

想象你现在要记住联合国安全理事会的常任理事国：中国、法国、俄罗斯、英国和美国。首先我们为各个国家想象不同的图像，用青花瓷代表中国，埃菲尔铁塔代表法国，棋盘代表俄罗斯，哈利波特代表英国，自由女神像代表美国。

顺序 1：想象有人站在埃菲尔铁塔上，向下扔青花瓷。

顺序 2 ：想象有人在下棋，用了好多颗埃菲尔铁塔造型的棋子。

顺序 3：哈利波特在下棋，大获全胜。

顺序 4：哈利波特和自由女神在决斗。

- 优点：记忆速度会很快。这种方式适用于记忆事物之间的联系，顺序记忆、倒序记忆都可以。
- 缺点：多于 20 组就很难使用这种串联记忆法。

故事记忆法

故事记忆法本质上就是用故事中流畅的起承转合编织起来的串联记忆法。比方说，你可以想象从埃菲尔铁塔上扔下的青花瓷，正好掉落在一个坐着下棋的人身上。下棋的一位是哈利波特，一位是自由女神。

- 优点：很多人认为记住一个故事比记住一些看起来彼此没什么关系的事物联系要简单得多。
- 缺点：编一个故事需要花很长时间，因为得让故事中的相互联系具有逻辑性。此外，如果是从后往前的倒序记忆，这种方式就不太适用。

位置记忆法

位置记忆法已经存在2500年了，不过近来又再次引起了关注。

位置记忆法利用的是已经存于我们大脑中的各种图像。你需要在你所熟知的地方设定一条“移动路线”。你的家、房间、爷爷家、学校、你住的那条街道、离你最近的购物中心等，都可以设定为起点。接着设定停靠站。你需要记住的词有多少，停靠站就设定多少个。如果把你家作为出发点，那么第一站可以设为邮箱，第二站是通向玄关的楼梯，第三站是玄关，第四站是厨房，第五站是卧室，依此类推。这些停靠站必须彼此隔开，不要设在同一个房间里，比如一个在冰箱旁，一个在烤箱旁。

花点时间走一遍你的“移动路线”，在每个停靠站清晰地想象出它们的景象。重复做几次。接着，把要记得的词放在停靠站上，一个站点搭配一个词。接着，使用互动性、动感和夸张三个原则为每个站点构建让人印象深刻的图像联想。我们可以再以联合国安全理事会常任理事国为例：中国（青花瓷）、法国（埃菲尔铁塔）、俄罗斯（棋盘）、英国（哈利波特）、美国（自由女神像）。

我们从邮箱开始，小心翼翼打开它，小心闪避，里面的青花瓷会像火箭一样发射出来。我们继续走到门口，却发现门变成了埃菲尔铁塔，像旋转木马一样旋转着。我们走进屋里，看到两个人正在下棋。接着，我们走进厨房，哈利波特正在里面读《魔戒》，突然嘟囔着说："这个好太多啦！"最后，我们走进客厅，自由女神正在粉刷墙面。

位置记忆法示例

假设你正在学习化学元素周期表中的前五个元素：hydrogen（氢）、helium（氦）、lithium（锂）、beryllium（铍）和boron（硼）。使用位置记忆法设定五个停靠站，每一站学习一个元素（见表6-1）。

表 6-1

元素	图像联想词	站点	画面动作
hydrogen（氢）	fire hydrant(消防栓)	第一站：邮箱	消防栓被破坏了，水四处乱喷
helium（氦）	balloon(气球)	第二站：家门	氦气球飞走了
lithium（锂）	lift（elevator）（电梯）	第三站：玄关	玄关有电梯，门关上后会往上升
beryllium（铍）	bee(蜜蜂)	第四站：厨房	一群蜜蜂向你飞来
boron（硼）	bow(弓箭)	第五站：浴室	罗宾汉举起弓箭，看着镜中的自己

- **优点**：假如你忘记了某个词，或者它所代表的站点的图像，这并不影响后面记忆情况。你可以继续"移动路线"。在串联记忆法和故事记忆法中，

如果忘了一个词，可能就无法继续下去了。

- **缺点**：有人会觉得它们根本想不出这种“移动路线”，其实这只需要你发挥想象力。动动脑筋，不妨把场景设定在牙医诊所，或者你最喜欢的餐厅看看吧！

在很多情况下，位置记忆法是比串联记忆法和故事记忆法更好的选择。

有连结的位置记忆法

假如你要学习的内容很复杂，比如一个列表里面分了好多个小类。这时你该怎么办？你可以用位置记忆法记住大列表的内容，然后用串联记忆法来记住每个小类中的内容。

熟能生巧

请记住，所有这些记忆方法和我们生活中的一切事物一样：熟能生巧！事实上，我曾听很多人说过，在他们还没有熟练掌握运用图像化技巧之前，使用图像化技巧要比死记硬背更花时间。

要点小结

记忆列表或多个词语：

- 创建一连串的图像（串联记忆法）：一个图像代表一个词语，接着将图像 1 和图像 2 想象在一起，然后是图像 2 和图像 3、图像 3 和图像 4，依此类推。
- 把你想象的图像编进故事里，每个情节都代表一个图像。
- 选择你熟悉的地方（比如家）设定一条看得到的“移动路线”（备忘录），每一个停靠站（比如每个房间）都有一幅图像，代表了学习的内容。

第一部分要点小结

■ 时间是稀有资源——请合理使用。优先安排最重要的学习活动，利用生活中的“零碎时间”完成各种任务。

■ 了解课程如何评分，达到学习目标你要做些什么。根据实际情况调整学习活动安排。

■ 积极利用学习原则：理解、专注、兴趣、联想、图像化、总览、背诵和重复。

■ 好好理解学习内容会使记忆更牢固。

■ 状态不错的时候可以自己独立学习。确保你不分心或不被打扰。忘记学习时长和休息间隔的一般规律；保持学习状态直到你觉得需要休息为止。

■ 上课态度积极，多问问题，才能最大限度地从课堂上学到东西。坐在前排，可清晰地看到黑板，并不被干扰。

■ 如果学习小组保持良好的学习状态，可以和伙伴们一起学习。小组成员需要提前协商学习内容和学习时间。2 ~ 4 个人为最佳小组人数。

■ 为理解和记忆而阅读。根据阅读材料的难易程度调整阅读速度。不需要一字一句都读到。阅读技巧和阅读速度的快慢无关，而关乎你理解吸收的程度。

■ 在阅读中实施学习原则，要用上阅读“SQ3R”策略：

总览、提问、阅读、背诵和回顾。

- 提高阅读速度的方法包括，以 2 ～ 4 个字的词簇阅读，以手指移动作为辅助，让双眼跟着手指以匀速阅读。坚持训练直到自己熟练掌握这些方法。
- 只有日后真正会使用的时候才做笔记。如果不是绝对需要，不一定要做课堂笔记，因为这可能会让你难以跟上老师讲课的进度。
- 利用学习的总览原则记笔记。使用层级结构、项目列表和方格。重要的内容画线、加背景颜色、使用符号，最好用多种色彩进行标注。
- 记笔记要有所取舍。用你自己的话记录，内容精简。
- 不要高亮标注所有内容。通常高亮的比例为 20%，内容要有选择性。停下来问问自己什么是最重要的。采用一种颜色或创建自己的颜色系统。
- 需要记东西的时候，你应该找寻规律、发挥联想。看看能不能自创口诀，运用首字母缩略词和造句的方法提高记忆效果。
- 图像化，即脑海中想象一幅图像，是最有效的记忆技巧之一。
- 有效的想象应该具有互动性、动感和夸张元素。
- 创建一连串的图像（串联记忆法）：一个图像代表一个词语，接着将图像 1 和图像 2 想象在一起，然后是图像 2 和图像 3，图像 3 和图像 4，依此类推。

- 把你想象的图像编进故事里，每个情节都代表一个图像。
- 记忆列表或多个词语时，可用你熟悉的地方（比如家）设定一条看得到的“移动路线”（备忘录），每一个停靠站（比如每个房间）都有一幅图像，代表了学习的内容。

第二部分

成功应试

赛尔达·艾可兹
（Selda Ekiz）

赛尔达是挪威广播公司（NRK）的节目主持人，也是杰出的喜剧演员。2013年，她荣获挪威“金屏幕”最佳节目主持人大奖。她是卑尔根大学物理学硕士。

“好的成绩表现总是始于精心的准备。对我而言，备考最有效的方法之一就是把自己学习的内容讲给别人听。这么做的时候，我会用自己的语言一一解释，而不用书上的原话，或者重复老师的话。”

（使用这个策略，朋友、同学，甚至同事都变成了宝！）

我认为，很多人都低估了提早开始的重要性。有时候，我也是到最后一秒才全力以赴地干一件事，不过最后我发现，有条不紊地工作才让人受益良多。“Bulimielernen”是德语的“死记硬背”。为了考试，塞一堆信息到脑子里，考完后就忘得干干净净，这实在是浪费时间。除此之外，我总在每次考试前几星期开始复习，我又有这样的体会：我为什么不早点开始复习？这实在太有趣了！

第 7 章

复习准备

复习备考

不管这门课程你之前的学习情况如何，考前复习仍让你有机会提高成绩。因此，成功应试其实在于你如何利用考前的复习时间。

全力冲刺时间

我们都知道，记忆会随着时间流逝而遗忘。回想一下，如果要你告诉我昨天你做了什么，你肯定能告诉我昨天发生的一切细节，几点起床、吃了什么。不过，你能说出三个月前你做了什么吗？你可能什么都不记得了吧。如果一件事情才发生不久，我们能记住的就多——时间越短，记住的越多。昨天你读了一章书，那么你能记得的内容就多，而三月前阅读的内容，能记住的就非常少。

想在考试中获得好成绩，重点就在于利用好临考前的时间。在考前那段时间，整理一下你的时间安排表，找到并统计出你能用于复习的全部时间。如果可以，调换一下工作排班情况，保证那段时间不会有太多其他事情要做。保持几天能够长时间高效学习，全力冲刺。不过，**我并不是说你可以消磨了整个学期，仅仅在考试前几天才撸起袖子去学习。这种极端的学习策略仅对部分人有效，它本质上就是一种冒险**。本节强调的是，临考前进行复习，学习效果会好一些，因为你记得更多刚学完的内容。因此，将全力以赴冲刺复习安排在离考试越近越好。

做习题，归纳重点

在本书的第一部分，我们主要讨论了促进学习、提高记忆的话题，比如阅读技巧和位置记忆法。它们之所以重要是因为能否在考试时拿到高分，在很大程度上取决于你的记忆情况。然而，这些技巧并没有训练如何在考试中成为条理清晰、富有逻辑、答题快准狠的高手。要运用起所学知识，你必须做习题，阅读之前的试卷和考题，或者归纳重点。

以前的测验或考试试题

考试的重要性不仅仅在于重温所学知识，更在于运用所学知识解决新问题。想要高效备考，我们应该集中精力练习以前的测验或考试中出现的典型试题。这样做还有一个好处在于，让你知道你应该掌握哪些知识点，考试的题型是怎样的，你目前的知识掌握情况如何。通常，你可以通过学校内网或者校园书店找到以前的试卷。

归纳总结

写归纳总结，你得从考试最有可能出现的重要内容、关键词或基本理论开始。请好好写这份总结，就像要交给老师打分一样。这种方式可以锻炼你的写作和表达能力。如果你曾用自己的话语总结过，那么一旦考试中出现这个内容，你就更容易回想起它。

对我而言，这是超级有效的备考方式。我的记忆情况和手指关系密切。也就是说，如果我把某个内容写过两三遍后，考试时我就会记起来。在美国加利福尼亚大学伯克利分校学习时，我参加了一门关于发展和全球化的考试。我用这个方法造就了一次完美的考试。考前老师给了我们六道综述题的题目，并告诉我们会考其中两道。我所做的就是把每道题的参考答案写下来，然后再抄写两三遍。这种“动手指记忆法”的小技巧对我非常适用，这门课我拿了最高分。

了解你自己

苏格拉底曾说：“认识你自己。”你想应试成功，就得知道自己的弱点在哪里，如何克服它们。你在哪方面更擅长，哪些方面又不擅长。如果你能够认清自己的弱点并能改进提升，那么你就能表现得更好。

比方说，我一直被一个问题困扰——不能按时完成考试。无数次，我总是在考试最后感觉糟透了，因为时间总是不够我尽情答完所有题目。有时候，情况会更离谱，我甚至只答了一部分试题，考试就已经结束了。可惜经过很长时间我才明白这是我的一大弱点，必须努力克服。当我最终恍然大悟后，我改变了复习方法，取得了令人震惊的成绩。不再只是简单地做以前的试题，我开始做题时给自己限时。拿好以前的试卷坐好，给自己设定和考试差不多的时间。这意味着我不单是在进行解题练习，我还在做考试训练。经过这样的训练后，在考试中我就能更好地把握时间，成绩也随之提高了。

在这部分中，我想强调的是，请找到带给你困扰的自身弱点，只要采用一些简单策略你就能够克服它们。**克服自身弱点，你就能够学得更聪明，学习时间也能利用得更高效。**

向高手学习

有时候要提高自己的成绩，我们需要从别人那里获得启发。我们得去了解最新的、更好的学习方式。在求学阶段，主要就是与笔试和作业相关的学习方法。**如果我们没有向外看，关注别人的表现，很可能会固执于自己的学习方法，从而忽略了其他能进一步提高成绩的好方法。**

同班的考试高手们必定是你巨大的资源宝库。问问他们，能不能看看他们的考试或测验卷子，或者作业本，看他们是怎么答题的。考试的标准答案也很有用，它提供的回答通常特别精准，所以授课老师们才会把它们视为“标准”或“范例”。有时候，老师会发给同学们以前试题的参考答案作为解题参考；有时候则没有，这时不妨找授课老师问问看，他们手头有没有参考答案，能不能给你一份。

研究其他同学的答案，试着找到他们答题的特点，并标注出重点。如果你有自己的答题方式，务必与其他同学更好的答题方式进行比较：你是否写到了相同的重点？还可以怎么改进？

制订考试计划

整体计划

为了确保考前能够温习到全部内容，你最好制订一个整体考试计划。这样你就能看到究竟你还有多少复习时间，也就能对不同课程的复习顺序做出合理安排。

整体复习计划如表 7-1 所示。

表 7-1

月份	周次	星期一	星期二	星期三	星期四	星期五	星期六	星期日
5月	19	9	10复习金融学	11复习金融学	12复习金融学	13复习统计学	14复习统计学	15复习统计学
5月	20	16复习统计学	17休息	18统计学考试作业	19统计学考试	20金融学考试作业	21金融学考试作业	22金融学考试作业
5月	21	23金融学考试作业	24金融学考试	25复习西班牙语	26复习西班牙语	27复习西班牙语	28西班牙语考试作业	29西班牙语考试作业
6月	22	30西班牙语考试	31复习心理学	1复习心理学	2复习心理学	3复习心理学	4复习心理学	5心理学考试作业
6月	23	6心理学考试作业	7心理学考试	8暑假	9	10	11	12
6月	24	13	14	15	16	17	18	19
6月	25	20	21	22	23	24	25	26
6月	26	27	28	29	30			

具体计划

当你知道离考试还有多少天，或还剩多少复习时间后，你不妨给每门课程制订一个具体的复习计划，这样就能确保在有限的时间里把方方面面都复习到。通常来说时间是不够的，所以你得合理安排。计划表能让你一目了然，帮助你在学习的时候集中注意力。

具体复习计划如表7-2所示。

表 7-2

第_____天	星期_____	复习内容
1	星期二	第 1 ~ 3 章
2	星期三	第 4 ~ 5 章
3	星期四	第 6 ~ 8 章
4	星期五	第 9 ~ 12 章
5	星期六	温习笔记
6	星期日	做以前的试题
7	星期一	温习笔记 / 做以前的试题
8	星期二	**考试**

复习备考阶段，你也许会发现，复习某些内容时，你实际花费的时间会比原计划更多或更少，也可能会发现某个内容你得花费更多精力复习。如果出现这样的情况，请调整你的计划。

要点小结

- 比起学期初所学的内容，前几天刚刚学过的内容我们能记住的更多。因此，在考试前几天，请安排出长时间且高效的学习时段。
- 考试前要模拟演练，写归纳总结或做以前的考题。
- 了解你自己。在考试前，找到你的弱点并克服它们。
- 制订考试学习计划，以便合理分配学习时间。

考试前一天

考试前的准备工作无非就是用简单几招帮助自己准备充分，从而考试成功。

考试前夜

考试前一天的晚上，请准备好所有考试用具。避免最后一秒的手忙脚乱，你就不会漏带考试用具，比如计算器。提前做好准备，考试前夜不要睡得太晚。多设定几个闹钟，或者必要时，请你的朋友或爸爸妈妈叫你起床。确定考试地点，确认交通方式。提早出门，以免遇到公交车晚点或堵车等突发状况。

穿什么

挑选能助你考试成功的衣服。大多数人会选择穿着舒适，能给他们带来自信感的衣服。

- **舒适**：衣服不能穿得不舒服，让你感觉太冷或太热。这些不必要的、不舒服的生理感觉都会影响你的发挥，分散你的注意力。有拉链的上衣是不错的选择，可以根据温度穿脱。

- **外观**：如果你很在意别人怎么看你的衣着（我们大部分人都这样），不妨穿让你感觉自信、迷人的衣服，或者能让你联想到成功或其他积极念头的衣服。这些能带给你正能量。我并不是建议你穿燕尾服或晚礼服，而是选择适合考试这个场合，并让你感觉不错的衣服。

吃什么，喝什么

别让你的胃分散你的注意力，影响你的考试发挥。如果你感到饿或渴，你的身体就会持续不断地发出信号，提醒你它不舒服。因此，考试前请留点时间适当饮食。如果考试时间很长，请摄入足够的食物和水。另外，温馨提示你，考试前和考试期间一定要吃自己吃习惯的食物，尤其是在考试时间很长的情况下，保证你的胃不会在考试中间出现不适感。

睡眠

通常来说，睡眠很重要。得到充分休息的大脑思维能力更快，注意力更集中。然而，有时候大考当前很难睡好。**你大可放心，即使睡得不好，你也可以考得好。哪怕身体感觉疲惫，你也能在考试中充分发挥自己的潜能，完成考试并获得好成绩。如果你没睡够，也不要给自己太大压力。你至少还是休息了，那也是有用的。**

不过，**如果你还没有复习好，想抓紧考前每分每秒看书的话，那该怎么办？当然最好的办法就是，越早开始复习越好**，避免这种情况。如果这对你还是无效的话，表7-3中的建议也许有用。

表 7-3

考试前夜，睡好很重要的情况	考试前夜，睡得不好没关系的情况
考试时间长（超过2小时）	考试时间短（不超过2小时）
考试前几天睡眠都不好	考试前几天睡眠情况良好
考试主要考理解和解题能力（数学类课程）	考试主要考记忆情况（历史考试）

保证考试前几天有充足的睡眠，然后根据考试的难度和考试时长决定最后一晚你要睡多久吧。

要点小结

- 考试前一晚，准备好所有考试用具。
- 选择舒适、让你感觉不错的衣服。

- 饥饿和口渴是考试中的敌人。考试前或考试中请适量进食或饮水。
- 如果考试前一晚难以入睡的话，保证考试前几天能获得充足的睡眠。

第 8 章

书面考试

迎战书面考试

并不是仅仅利用好考试前的时间就能助你考试成功。利用一些简单而强大的技巧，你就有更大的概率在书面考试中取得成功。

开考前

- **最后检查**：检查你是否准备齐全所有的考试用具。如有遗漏，可向老师或监考员借。
- **食物和水**：确定携带了合适的食物和水，这在考试时间很长的情况下尤其重要。
- **座位**：提前到达考试地点，以便能够挑选一个不错的座位。好位置意味着桌面宽敞（桌子大），不容易受到干扰，比如门口的位置会出现人进进出出的干扰。如果你怕热，那最好选择坐在空调附近。如果空气不流通容易让你感到不适，那么靠窗的位置最好。
- **心态**：最后，记得保持积极的心态。在脑海里反复告诉你自己“我能答好试卷”。使用图像化技巧或积极词汇，让自己进入最佳状态。避免紧张和焦虑情绪，以免影响考试发挥（详见第三部分“正确思考”）。

充分利用考试时间

一位障碍滑雪运动员，他以非常快的滑雪速度一直排在第一位。他会在即将冲向终点的时候放松慢下来吗？当然不会！在比赛中，运动员们会竭尽全力坚持全程。这值得我们学习。在测验或考试中，很多同学自认为写得不错，就提前交卷离开了，没有利用全部考试时间，这并不是聪明的考试策略。**事实上，考试中多拼一两分钟可能导致两种完全不同的成绩。**

如果你很早就答完了试卷，非常棒！剩下的时间请仔细检查！重新再读读题。题目的要求你都弄明白了吗？你的答案正确吗？请检查你的答案，读读你写的答案。如果做题过程中你犯了个错误，最后的检查能帮你提高分数。

PCWC：应付一切考试的四个步骤

我想告诉你一个四个步骤的考试技巧，它适用于几乎一切书面考试。它就是PCWC——计划（plan）、读题（clarify）、答题（write）和检查（control）。

计划

考试中的分分秒秒都很珍贵。因此，制订高效利用考试时间的考试方案意义重大。看不到时钟，时间很容易就过去了，而你也许没有足够时间答完全部题目。如果你在一些题目上花的时间太多了，那么留给其他题目的时间就所剩无几。要避免这种情况，不妨规划一下你的考试时间。首先，迅速浏览试卷，弄清楚一共有多少题需要解答，有多少时间可用于答题。接着，按每小时扣除5～10分钟来算，把扣除后剩下的时间平均分给每道题。比方说，考试时间为3个小时，需要答5道题，那么就扣除掉30分钟，剩下2.5小时分给5道题，也就是每半个小时需要答1道题。如果一共有25道题，那么每道题的解答时间为6分钟。这样一来，你就清楚地知道如果完成全部试题，你该怎么安排自己的时间。

为什么每小时要扣除5～10分钟呢？这是一种保险的做法，让你有一定的可控时间。如果按照上述的考试时间安排，你却还是超时，那么你还有备用的时间。最后剩余的时间都应该用于检查试卷。如果每道题的分值不同，比如3道题分别占总分的50%、30%和20%，那么你应该对应不同分值分配答题时间。

由易到难解题。别按照题目的顺序来做，除非题目之间一环一环紧紧相扣，或者题目要求按顺序做。从最简单的题目开始，把最难的问题留在最后。这种考试策略自有好处。从最简单的题目开始，就会有一个温和的开始，可以帮你进入良好的考试状态。相反，如果一开始就做难的题目，那么你很可能会在难题上花了太多时间，而没有时间留给简单的题目。此外，在考试一开始就处理难题，一想到后面还有题目没有做完，你就会很容易感到压力倍增。把最难的题目留到最后，心里想到其他题都解答完毕了，再答这个难题时，你的心理压力也就小很多。

读题

仔细阅读考试说明，确保你会按照说明答题。开始答题时，请先认真读题，这一点至关重要。多读两遍，确保你百分之百明白这道题究竟在问什么。考试中常见的错误就在于你太过于着急答题，以至于没有花时间读题，没有确认自己真的明白了这道题的意图。也许你也能写出详细不错的答案，但如果你有一点儿偏题，那就失分了。

即使题目的表述冗长而复杂，你也必须确保自己清楚了解题目的每个细节，这样才能完整答题。如果题目的表述不精准或者你看不明白，你可以请老师帮忙解释。

在某次数学考试中，我发现一道关于物体横截面的题目，而那时，我们根本不知道横截面是什么！我没有乱猜，没有花精力纠结自己猜得对不对，而是向老师提问，并获得了解答。如果有机会获得具体的解答，就不要冒险误读题目。不过，有时候这种策略也不管用。这时你最好把自己对这个题目的理解写在解答内容之前。你可以指出这个题目的表述不明确，你是如何解读的，并把你在解读基础上的实际解题过程写上。

想象一下，在人口统计学考试中你遇到下面这道题："近年来，人的预期寿命正在逐步提高。你这一代的寿命会是多少岁呢？"你对"你这一代"的意思不是太明白。出题人所指的"你这一代"究竟指哪里的人，你所生活的地方、全球，还是两者皆是？你的答案将基于对这个信息的分析。上课时，老师主要讲了挪威的预期寿命发展情况，不过也稍微提及了发展中国家的情况。发展中国家的预期寿命明显低于挪威。如果你有自己的解读，但又没有在答题时说明，那么很可能这道题你就得不到分数。你的答案可能告诉阅卷老师"你没有理解题目"，或者你对本题根本一无所知。不过，如果你清楚地写道："题目中所说的'你这一代'，我理解为仅限于生活在挪威的'我这一代人'。"这样的话，你就提醒了出题者这个题目表述不严谨，你不得不做出假设和解读。缺少这种解释，你就很难写出让人满意的答案。

答题

答题的时候，尽可能写得简洁，充分考虑阅卷老师的感受。答题逻辑清晰，先概述问题，再提出主要观点，最后进行详细分析。如果一道题中包含了几个小题，请按顺序回答，方便老师阅卷。比方说，假设题目这样问："什么是认知心理学？请列举出促进心理学发展的几个关键人物。最后，请解释一下什么是认知失调。"这道题包含了三部分，应该逐一回答三个小问题。

别不敢写基础的内容。重要的不是写下什么连老师都不知道的内容，而是展现给老师你在课程中究竟学到了什么。写下基础概念和事实。漏掉重点没写的人肯定比写了很多的人更容易挂科。不过，这又让我想到另外一件很重要的事情。你不能为了多写而多写。为了解释一个简单原则而写一大段空话，或者重复写几个一样的例子，这都是拙劣的考试策略。这种答案会引起阅卷老师的不满。然而，当你紧紧围绕题目答题时，多写一点胜过少写。通常，阅卷者都有一份答题采分点列表，他会在你的答案中寻找采分点。如果你写了很多内容，就有更大机会写到采分点的内容。此外，这也显示出你对问题的宏观把握和理解都不错。但是，请不要写不相关的内容。如果你所写的答案有些模棱两可，那么尽可能说明它们与题目之间的联系吧。

尽量把答案写得好些。简洁的句子比冗长、花哨的句子更有力量，因为那样的句子会让阅卷者感觉不知所云。比如，你最好说“巴西是一个具有丰富生物多样性的大国”，而不是“你不能否认一个事实，即与其他国家相比，巴西幅员辽阔，而且具有我们所谓的丰富生物多样性”。

此外，请注意书写清楚易读。别指望阅卷者能从龙飞凤舞的字迹里找到什么重要信息。你不一定要书写得很漂亮，但必须能够让人看清你写的内容。如果你写的内容很长，那么条理清晰很重要。把答案分成若干小节，每个小节都有引语和结论。可能的话，第一句话应解释该小节所讲的内容。这是通用的写作规范。

答题的时候记得留意时间。严格控制时间，这样你就不会超出计划的答题时间。如果考试一共有 5 道大题，那么大部分老师都会给答完 5 道题的同学更高的分数，而对于完成 3 道题还有 2 道题没有完成的同学，即使答题非常标准，老师的给分也会低些。

检查

假如你对答题时间进行了合理分配，全程也都认真履行，那么到考试最后，你就还有剩余时间。请利用这个时间通读你的答案，确保没有答非所问。修改任何潜在的错误，补充你之前遗漏的要点。考题中的陷阱无处不在，很容易让你中招。最后检查一遍可以避免因你粗心大意，或漏掉原本记得的内容所导致的低分。充分利用这个时间润色你的答案。如果检查出了什么问题，就会带来分数高低的差异。

没时间了

如果你的答题时间计划失败，最后还是没法完成全部题目，那么你应该利用剩下的时间在没做完的题目上写下两三句关键要点。这能显示出你知道这道题所涉及的重要概念。如果没办法写下完整的答案，那么就写上几个关键词。阅卷老师会体谅你只是时间不够了，依然能给你寥寥几句话的答案一些分数。请记得，阅卷老师不会给一张白卷任何分数。

知道的都写下来

- **想一想**。如果你知道问题的答案，但一时想不起细节，你可以试试“绕过”这个话题进行思考。想想跟这个问题相关的事情，以前在哪里学过这个内容，你坐在哪里，周围的环境是怎样的。这样回想，你就会联想起相关知识。答题也就变得容易多了。如果这个方法没用，那就继续做题，回头再来思考这道题。有时候，潜意识需要一点时间找到这些内容。

- **用自己想的例子**。考试最重要的事情之一就是展示出你理解了所学的知识。因此你就得想出自己的例子，而不是照搬书上的例子。如果你觉得这个策略很难实施，也可以改编书中例子的基本信息，编一个差不多的例子。当你运用了自己的例子，就显示出你真正掌握了这个知识。
- **不要乱猜测**。比方说，你要解释"认知失调"这个概念。不过，你记不清利昂·费斯廷格（Leon Festinger）究竟是在1957年、1958年还是1959年引入了这个术语，你可以写为"在20世纪50年代后期"。具体的年份并不重要，如果你猜的是1959年，而实际发生在1957年的话，那么模糊的表达可能更受阅卷老师的青睐。再比如，你要回答关于欧盟的问题，但你记不清成员国的数量（28个），简单描述为"差不多30个国家"，老师也会给你满分。
- **使用一切你所有的资源**。有时候你可以在允许带入考场的考试工具中找到问题的答案。有一道英语考试的题目是这样的："What is the British Commonwealth（英联邦是什么）？"答案就在英语字典里面，它是允许带入考场的。还有些时候，你能在其他问题的描述中找到答案。所以，当你想要放弃哪道题时，别放弃，再想想办法。

- **狡猾的小伎俩**。如果你想不出某个题目怎么答，监考老师正在考场里四处走动，你就可以假装不懂题意，请老师给你解释。有些老师会解释过头，虽然不是所有老师，但你也获得了帮助。
- **回答全部题目**。除非某道题的答案实在很糟糕，会影响阅卷老师对其他回答的印象，你不应该允许自己有空着没答的题目。写下你觉得最有可能的答案，这样也许会多得几分。

数学考试

解答数学问题或其他有关计算的题目时，你应该写下解题过程的每一步，清晰呈现你如何一步一步得到最后的答案。这样，你就表现出你理解了题目，即使最后的结果算错了，只要计算过程正确，依然可以得一些分。

多项选择题

在多项选择题中，通常有几个供选择的答案。这种题比没有选项的题目简单得多，因为答案就在你面前。

下面的技巧对这类考试很有效：

- **阅读全部选项**。通常，我们看到前面不错的选项就会觉得它是最佳答案。但不要着急选它，否则你可能会错过更好的选项。三思之后，可能会觉得前面的选项并没有那么好。
- **如果这道题不确定，就先做后面的题目**。如果每个选项你都不满意，或者你无法做出抉择，那么在这道题旁边打个“×”，接着做下一题。解答其他题目时也许能唤起记忆，或者帮你区分出各个选项之间的细微差别，从而使得正确答案呼之欲出。
- **使用排除法**。如果全部题目都答完了，却还有一道题想不出答案，那么你应该把错误的答案先挑出来，然后在剩下的选项里面挑个最像样的答案。
- **简短、表达不精确的选项通常是错误的**。比如，“俄罗斯是世界上最大的国家”这句话比“俄罗斯是世界上国土面积最大的国家”字数少，表述也不精确。为什么通常简短、表达不精确的答案是错的呢？因为事物总是没这么简单。如果按人口来算，中国是最大的国家。现在你知道为什么第一个选项不如第二个了吧？第一个答案的表述太不精确。

开卷考试

如果考试是开卷的，可以查阅课本或笔记本，那么好的笔记至关重要。开卷考试通常都不会让你有足够的时间查阅所有资料。因此，在这个过程中你能节约出来的分分秒秒都非常珍贵。你应该对教材了然于心，可以第一时间找到需要的信息。在重要的页面上附上简短的笔记，会给你带来诸多好处，能助你尽快找到所需信息。

小测验

小测验的挑战在于它们总是来得突然。因此，除了尽到学生的本分认真学习、完成作业之外，是没办法提前复习准备的。

想要在小测验中拿到好成绩，我自己有个有效的办法——充分利用通知测验后到开始测验之前的一小段时间。通常我会用这一两分钟迅速翻书或笔记本，扫读名称、年份以及其他重要信息。测验开始后，我总会因为这最后一分钟的复习而答对更多题。如果没有这样做，考分就不同了。

要点小结

- 提前达到考场，找个最佳座位（宽大的桌子、干扰较少等）。
- 不要太早交卷离开。花时间检查和优化你的答案。
- 在书面考试和测验中，使用PCWC策略：计划（plan，迅速计算每道题你能有几分钟答题时间，在考试过程中监控自己的时间）、读题（clarify，确保你弄懂了每道题）、答题（write）和检查（control，确保你没有漏掉任何重要内容）。
- 回答全部题目，除非某道题答得实在糟糕，会影响阅卷老师对其他答案的印象。如果时间不够了，迅速写下几个关键词或句子。
- 答多项选择题时，一定要阅读完全部选项。如果对答案没把握，先排除错误选项，再从剩下的选项中挑选出最像样的那个答案。

项目任务和作业

项目任务和作业跟考试的区别在于少了时间上的压力和记忆的要求。因为每个学生都能从中受益，所以你不一定能因此拿到更好的分数。想要成功应对这些任务和作业，正确的方法是关键。

前面推荐了 PCWC 策略：计划、读题、答题和检查。

- **计划**：要完成多少任务？是哪些任务，必须在什么时候完成？根据这些信息，制订一个整体计划表，并写下完成期限。
- **读题**：任务要求都弄明白了吗？请清楚了解任务描述中提到的各种限制和细微要求。
- **答题**：收集相关的信息后开始作答。
- **检查**：检查任务。在交给老师之前，不妨找别人帮忙看看你的作品。当我们通读自己写完的内容时，一般都会觉得样样都好。我们很难重设自己的大脑，以批判的眼光读自己所写的内容，并挑出错误。所以找其他人来检查，一切就简单多了。

这个策略也同样适用于做校对。当我们已经知道接下来的内容时，我们就会对自己写下的内容不屑一顾。因此，我们阅读的可能是“假想”的内容，而不是实际写下的内容。

要保证项目任务和作业按时、按要求完成，我通常倒过来计划，从到期之日开始算。比方说，这份任务报告需要在 3 月 22 日提交，我通常会这么做：为了预防未知的事情突然发生而让自己有缓和余地，我把提交的最后期限提前到 3 月 20 日。还要留出时间检查，给他人通读，所以必须在 3 月 18 日完成全部内容。3 月 15 日到 17 日我计划要出门，所以必须在 3 月 12 日到 14 日完成。如果 3 月 10 日还有最后一次课，我就必须提前阅读任务内容，稍微了解一下，以便能够利用最后一次课的机会请老师解释不明白的地方。

小组作业

如果你打算和其他人一起完成，请按照下面的方法来做。

- **谨慎选择伙伴**（除非是已经分配好了）。确保和优秀的小组成员一起，对完成小组作业来说，这一点非常重要。找到好的组员需要花时间，不过相比额外花很多时间同合作不愉快的组员在一起，一切都值得。选择具有不同强项和弱项的组员，这能让你们之间产生互补（比方说，组员中有人擅长理论，有人写作很棒，而有人是PPT制作高手等）。

- **共享目标，分配任务**。为了避免误解、提高整组的工作效率，每个人都应该清楚地知道分配的任务是什么，小组的目标是什么。分配任务时应充分发挥不同组员的长处。
- **设定最后期限**。确定不同任务的完成期限，并留出缓冲时间。

在任务完成过程中，必要时应随时调整任务分配情况和完成期限。很多时候我们无法预知会发生什么，但这并不意味着做计划就是浪费时间。重点是设定好工作目标和完成限期，并全力以赴。即使有时候计划需要调整，但这样才能让你们最后取得成功。

要点小结

- PCWC（计划、读题、答题和检查）也适用于完成项目任务和作业。
- 做小组作业时，你应该有技巧地选择小组成员，实现共享目标、分配任务，设定最后期限。

第 9 章

口语考试

口头报告或演讲

擅长在众人面前说话似乎是一种天生的能力，这简直不可思议。其实，巴拉克·奥巴马（Barack Obama）、温斯顿·丘吉尔（Winston Churchill）、马丁·路德·金（Martin Luther King）都曾接受了密集的演说训练，才能成为优秀的演说家。并不是每个人都能很好地在大众面前演讲，继而靠演讲变得举世闻名。不过，只需要一点点训练，每个人都能流畅表达，在口试中获得好成绩。

优秀演讲的基本原则

我总是特别惊讶，很多人都没怎么利用演讲或口头报告之前的那段时间。他们几乎花了全部的时间去找资料，写下他们要说的话，而只花很少时间，甚至没有花时间进行试讲训练。对听众来说，这就好像在听一个讲课很差的老师上课。**如果演讲者不能以喜闻乐见的方式传递信息，他懂得多少知识根本没什么意义。**

高中的我就是生动的例子，当时我要上台介绍一位作家。因为我曾经在小学时也介绍过这位作家，所以觉得不是什么问题。于是我把以前的笔记拿出来粗略过了一遍，没有演练就去了，打算靠记忆来做这次演讲。当我站在全班同学面前，忽然错愕得不知道该怎么开场。我的心怦怦乱跳，喉咙干得说不出话。我环顾教室四周，同学们变得陌生起来，投来疑惑的目光。我绞尽脑汁说一些讨巧的话，在黑板上写了几个字，不过很快我就开始胡言乱语了。我的手开始出汗，胃里感觉堵堵的。我挣扎着想说点什么，整个人非常紧张。几分钟后，我不得不放弃演讲，黯然下台，结束一切混乱。

下面我将给你一些建议（我曾经尝试过的），帮助你做好口头报告或演讲。

- **练习、练习、再练习**。准备任何口头报告或演讲，最重要的事情就是练习。找一个认识的人，当着他的面大声练习，或者自己单独练习。至少练习 5 次。当你大声练习时，你就会不时发现哪些方面可以改进，找到更好的演讲方式。这种训练必不可少，只有这样你才能丢开你的稿子（下面会更详细地说明）。你会更加确定自己要说的内容，你的演讲也会变得更加打动人心。当你练习的时候，其他什么都不要想。
- **对着听众说话**。业余演讲者的经典错误就在于将投影屏幕作为自己的提示板。演讲者从头到尾对着投影屏幕，只留个后脑勺给观众。如果观众们能看到演示内容，而你自己没有提示笔记或屏幕可看（比如平板电脑），看一下投影屏幕也无妨，不过请你转过头面对观众们后再继续说话。

- **脱稿**。熟练的演讲者对演讲主题了如指掌，因此根本不需要读稿。他们练习过多次，或实际演讲过很多次了，全部内容都已熟记在心里。就算他们随身带了手稿，也仅仅是为了提示自己需要讨论的要点，或者仅是保险起见的做法。一个 5 ～ 15 分钟的演讲，你应该不需要费太多精力就能脱稿。一旦开始练习演讲内容，你就会发现自己将越来越不需要依赖稿子，演讲效果也变得越来越好。

为了确保不会遗漏任何信息，你可以使用我们在前面章节提到的位置记忆法，为演讲中的每个主题设立记忆停靠站，每个站点代表一个主题。

- **看着观众的眼睛**。很多人喜欢别人看着他说话。当你站在观众面前，你应该望向他们全部人，或一部分观众。如果你认为这会让你感到害怕，或者面对的观众很多，那么你应该选择一个高于后排观众头顶的视觉点，当你说话的时候就看着这个点。对你的观众来说，他们会觉得你一直在对着他们说话。你可以借用我的一位读社会学的朋友的小方法。当他站在众人面前时，他也会紧张，所以他找到了一个帮助他克服紧张的方法：他把观众想象成透明人。用这种方法，他就不那么害怕了，感觉更加自信。

即使脱稿对你来说有些难度，你也应该在瞥两眼你的笔记后，抬起头看着你的观众演讲。

- **使用适当的音量、语速和停顿**。面对观众演讲时，声音不能太小。你必须敢于提高音量，让坐在最后一排的观众也能听清你说什么。如果观众必须非常专心才能听到并听清楚你讲的内容，这会让人很恼火。

重要的内容后面，或者转换新话题时，请简短地停顿，这样观众才有时间消化之前的信息。如果你讲的话题非常复杂，并且细节繁多，那么请别说得太快，观众需要时间理解你说的一字一句。另一方面，如果你正在讲的内容虽然新但简单易懂，讲得太慢肯定会让观众感到不耐烦。

- **充满激情**（如果你能做到的话）。如果你对所讲的内容毫无兴趣，那么就很难做到这一点。对观众来说，听一个充满激情的演讲者演讲，肯定要比听一个对这个话题没有任何兴趣的人演讲愉快得多。
- **注意你的身体语言**。你说话的时候，确保没有无意识地做些小动作。这会扰乱观众的注意力，让他们从你演讲的话题转移到你紧张的小动作上。

可能的话，利用你的双手传达信息，阐明你的演讲要点，这是最好的解决办法。不然你也可以双手自然放松下垂。

- **“嗯”“嗯”“嗯”**。很多人（嗯……）在别人面前说话时，（嗯……）在演讲要点之间都会有一个（嗯……）坏习惯，发出“嗯”的声音。当你要讲下一个要点，或在斟酌用词的时候，最好不要发出任何声音，短短暂停一下就好。

狡猾的小把戏

为了避免演讲中的提问环节无人回答而出现尴尬的沉默，你可以提前想一些容易回答的问题，并在观众中安排你的几个熟人来回答它们。

设计漂亮的 PPT 辅助演讲

PPT 仅仅是工具，你所说的内容和说话的方式才是最重要的。视觉元素应该作为演讲者的辅助工具，而不是演讲关注的重点。下面几条小贴士能帮助你开启更棒的 PPT 辅助演讲。

- **文本内容更短一些**。使用关键词或短句子，避免使用大段文字。文献引用和概念描述另当别论。
- **易于阅读**。确保文字的字号不要太小，让全场每个人都能看得清楚。通常来说，16 号字是可接受的最小字号。
- **图片**。善用图像、图形和图表。有时候，观众只需要 5 秒就能读懂一张图表，而口头解释清楚却需要好几分钟。
- **忽略特殊效果**。你可以在 PPT 中插入文字或图片，不过务必避免使用声音效果（比如枪声）或过多的动作效果。这些特效在 1998 年很酷，但时至今日，早已过时了。

要点小结

- ▶ 做好演讲准备，你能做的最重要的事情就是进行试讲训练。练习，不断地练习，更充分地练习吧。
- ▶ 演讲的时候，你应该面向观众说话。丢开你的演讲稿，看着你的观众，充满热情地演讲；注意你的身体语言，用简短的停顿替代“嗯”。

迎战口语考试

口语考试和书面考试在很多方面都不一样。因此，要获得口语考试成功，你需要掌握完全不同的技巧。

一般来说，口语考试的时间相对较短——10 ~ 40 分钟，也许包括额外准备时间。在书面考试中你可以回看试卷，多次修改答案。但口语考试就好像现场直播的电视访问，你说的每字每句都很重要。不过在口语考试中你会得到许多引导。如果你不明白题目的意思，或者你的答案有些偏题，考官都会提醒你，并且引导你在正确的思路上回答。

口语考试的考场一般至少有 3 个人：考生（你）、考官（负责提问，通常是你认识的老师或者教授）以及校外考评员（校外专家，记录你的回答情况）。考试结束后，考官和校外考评员会一起讨论，给你打分。如果他们之间有意见分歧，通常是校外考评员说了算。不过最后两位考官都会达成一致，尽管这种情况很少出现。一旦出现意见分歧，你就会被再次叫进考场。这时候，你应该高兴，因为你拥有了提高考分的机会。

关于口语考试，总是有许多故事和谣言，让很多人产生不必要的恐惧。传言中的口语考试通常比实际情况要可怕得多。一般来说，考官们都希望你能通过，而整个考试过程将是关于某一主题的愉快聊天。

拿到高分的方法

口语考试非常看重表达陈述能力。掌握某一主题的知识固然重要，但表达能力也具有举足轻重的意义。为了拿到高分，你得表现出你对话题的宏观掌握，有自己独特的见解，并能有条有理地进行表达。

了解考试形式

仔细阅读发给你的考试材料，看看哪些是关键话题，考试过程是怎样的。这些信息很重要，会让你有安全感。老师绝不会精确地告诉你考试内容是什么，但是他们中有很多人都善于给予提示。因此不要太含蓄，不要不好意思向老师请教，问问相关信息。了解对口试结果有异议时的申诉规定也很有用。如遇突发状况的话，这样做会让你比较安心。

练习

能以高效的方式进行口头描述是一种技能，可以通过不断练习得到提高。准备口语考试最好的方式就是练习陈述考试材料。

理论上，你应该在考试临近时练习怎么讲，列出可能会被问到的话题。可以的话，找到参加同一个口语考试的人和你一起练习。有了口语伙伴，你们还能互问互答。假如找不到口语伙伴，那就请其他人听你练习，或者自己单独练习！去讨论室，或其他任何不受干扰的地方练习。请听你练习的人给你反馈和建议，再继续练习。

我上一次使用这个技巧是学德语的时候。当时，我和其他两个人一起准备口语考试。我们练习了一整天，制订了练习计划，三个人轮流提问和回答。因为练习到位，我们三个人的口语成绩都高于平均成绩。

心理状态

你从来没有在任何一个口语考试的评分标准中看到它强调考生的礼貌、友好、笑容、热情和好奇心。不过，别以为看不到就认为这些细节不重要。即使它们并没有被正式写在评分标准中，但你终究都是在与人交流，良好的感觉和印象会对评分者产生影响，使他们给出不同的分数。别让考官对你有不好的印象。相反，请展示你的个人特点、对你有利的状态。留下良好印象并不难做到。

考试当天

穿着舒适、让你感觉自信并能够展现你最好状态的衣服。但是请注意，避免选择太过招摇的衣服。有洞或者看上去破破烂烂的衣服，以及搭配华贵头饰的礼服都会让考官和校外考评员只关注你的着装，这并不是个好主意。请牢记，你陈述的内容才是重点。

随身带一瓶水。如果考试现场没有提供水，自己带一瓶水备用比较好。当你和别人说话时，很快就会感到口干舌燥。

请准时。准时有助于减少考试压力。无论如何，迟到都会给人不好的印象。

如果你不认识校外考评员，那么请记得做自我介绍，这是基本的礼貌。有理有节地握手会给人留下好印象。

仔细听考官的问题。确认考官的问题问完之后，你再发言。如果没听懂，就马上问清楚。一旦你开口说话了，就要一直说到话题完毕。没必要问类似“这样够了吗”“你们还想听什么呢”这样的问题。当你说的足够多时，考官会让你知道。说话时，在适当的地方自然停顿 0.5 ~ 1 秒，养成这样的习惯对你大有好处。在重要的地方稍稍停顿是非常有效的陈述技巧，这也让考官能很自然地打断你。如果你能表现出对陈述主题的兴趣，以及对话题的参与感，这肯定也没错。和你对话的考官通常是一辈子都在研究这个主题的人。注意，你的姿态和身体动作也能传递很多信息（请看下一节）。如果你和别人一起练习，那么也可以请他们从这个方面给你反馈建议。

别说你准备得很糟糕，或者你刚好遇到不熟悉的话题。别找这样的借口，说这些话又有什么好处呢?

记得留意考试时间，确保你还有时间把想说的、准备好的内容都说完。

要点小结

- 确保自己熟悉考试形式和考试话题。
- 练习、练习、再练习。学习伙伴或父母都可以听你练习。
- 按时到达考试地点，穿着合适的衣服，随身携带一瓶水。说话时面带微笑，充满热情地进行口头报告。仔细听清所问的问题，重要的地方稍微停顿。

课堂学习

在很多国家，学生的课堂学习表现是总体评价的一部分，会影响最终的分数。因此，你不妨在课堂上好好表现，充分利用上课时间。

你能做什么

我们会偏向自己喜欢的人，希望他们一切都好，乐意帮助他们。所以法官、办案员、政治人物在面对熟悉的人的案子时，必须避嫌。尽管可能是无意识的，但个人情感很容易会影响最终结果。

老师会逐渐熟悉他的学生。不过，在实际操作中，有相关机制能防止老师因个人情感影响评分。一般来说，有些老师会更容易受个人情感影响，但是很少有人能够完完全全不带感情。因此，你应该聪明些，不妨和你的老师保持良好的关系。在你今后的生活中你也会发现，和你的老板或职场中的关键人物保持良好的关系，意义非常重大。至于如何与老师建立良好的关系，以下提供了几点思路。

- **主动提问**。课堂上表现积极，多问问题。课堂积极发言不仅是老师的一项评价标准，也让老师上课上得更愉快。当同学们积极参与，表现出认真跟随老师的思路，老师教起来也更起劲。
- **尊重老师，讲究礼仪**。按时上课，老师讲课时不要说话。如果你需要提早离开，向老师说明原因。就是这么简单。
- **表现出兴趣**。很多老师对他们自己教的课程充满了热情。请表现出你对这门课的兴趣，同时也表现出你对老师的肯定。
- **和老师聊聊天**。如果你的老师容易亲近，那么为什么不在课间跟老师聊一会儿呢？你也许会发现你们之间有共同点。这样的私下聊天能和老师建立起良好的关系。

身体语言

我们总是容易忘记我们的身体语言会传递出个体的想法和感受。事实上，身体语言是重要的沟通方式。积极的身体语言可以帮助我们和周围的人建立良好的关系。课堂学习时，请牢记这一点。相反，消极的身体语言会带来消极的影响。看看下面的例子，我们能获得更多启示（见图 9-1）。

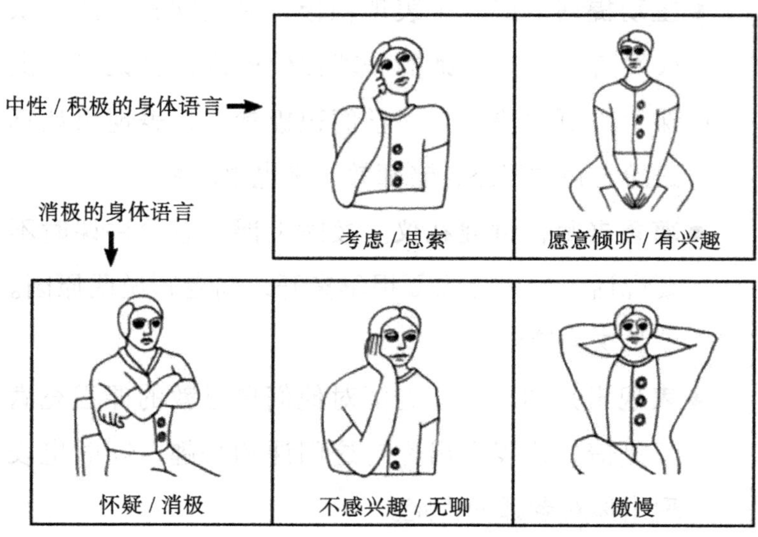

图 9-1

资料来源：Tora Greve.

要点小结

- 上课积极，多问问题。表现出良好的上课礼仪——按时上课，老师讲课时不要说话。
- 老师也是普通人，他们对自己所教的课程兴趣盎然，通常很喜欢在课间和同学们聊聊。上课时，请你保持中性或积极的身体语言。

第 10 章

考试结束后

“你曾说过，我们是从错误中学习知识的。那么，多错几道题有什么不对呢？”

考试结果和成绩申诉

考试结果不佳时，把考试忘在身后，你会感觉好一些。不过，如果你想下次考得好一些，就需要从考试结果中吸取教训。

用考试结果促进自己不断进步

就像运动员会回顾之前的比赛来总结比赛时的表现一样，你也应该利用考试结果促进自己不断进步。对照参考答案反思自己的试卷，阅读阅卷老师的试卷评语。为什么试卷会答成这样？是考试时间没利用好，误解了题意，粗心，还是其他原因呢？问问你自己：我从中吸取了什么教训？下次我要怎么改进？

质疑考试分数

要求重新判分的目的是为了提高分数。但请你记得，这也可能会导致更低的分数——除非之前没有得分（在这种情况下，质疑分数也不会带来什么损失)。其他情况下，在你正式提出成绩申诉之前，你应该彻底想清楚。很有可能原始的成绩是老师“仁慈”的结果，老师已经给你加了点分数，重新评分可能意味着分数会更低。**你的个人主观感觉通常是非常不准确的，它会错误地评估你和其他人之间的真实差距。**

先检查你的答案。在成绩申诉之前，你应该对比试卷答案或其他同学的答案，确保你是否真的不认同评分结果。你很有可能在看了参考答案后发现原来是自己误读了题目，没弄清楚题意。如果你还是坚持认为给分太过严苛，你可以要求得到公平对待。就大学阶段来说，你当然有理由要求成绩公平，阅卷老师会提供评分说明。如果你收到成绩申诉回复后依然不认同，那么你应该评估一下，是否新的阅卷老师的评分会比之前的评分更符合你的预期。如果你认为值得冒这个风险，那就提出申诉。如果你认为之前的阅卷老师误判了你的部分答案，记得在申诉中说明这些问题。

重考

有时候，重考一门课可能是必要之举，甚至是明智之举。如果打算重新考，你就应该看看能否选择在不那么忙的学期，避免牺牲学习其他课程的时间。你也留意未来要学的类似课程，等你开始学那门课程的时候再选择重考。这样的话，学习一门课程却可能达到一箭双雕的效果。比方说，在我本科一年级下学期时，我们有一门《统计学入门》的课程。我当时的考试成绩不怎么好，所以打算重新考，不过直到大四下学期才考。那时候，我们有《高级统计学》课程。重新学习《统计学入门》让我重温了基础知识，在我考《高级统计学》的时候，这种温习被证明是非常有价值而又有效的。同样地，学习《高级统计学》也帮助我在《统计学入门》这门课上拿到高分。

有一点，你得小心留意。你要记得，重考的机会不应该变成你精神逃避的借口，让它悄然削弱你第一次考试的斗志。你若想着"我不需要努力学，因为我还可以选择重考"，这是非常危险的念头。最好的方式还是全力以赴，一次成功。重考是用来解决考分不高的问题的，而不是你疏于复习和懒于学习的借口。

要点小结

- 从考试结果中吸取教训，思考下次如何考得更好。
- 成绩申诉之前，你应该研读参考答案，确认是否需要重新判分。根据权衡结果，写一份有理有据的申诉书。仅当成绩申诉不会导致分数更低时，才递交成绩申诉书。

第二部分要点小结

■ 比起学期初所学的内容，前几天刚刚学过的内容我们能记住的更多。因此，在考前几天，请安排出长时间且高效的学习时段。

■ 考试前要模拟演练，写归纳总结或做以前的考题。

■ 制订考试学习计划，以便合理分配学习时间。

■ 考试前（或考试中）适当喝水饮食。穿着舒适的衣服参加考试。

■ 书面考试和测验中，使用 PCWC 策略：计划、读题、答题和检查。

■ 回答全部题目，除非某道题答得实在糟糕，会影响阅卷老师对其他答案的印象。如果时间不够了，迅速写下几个关键词或句子。

■ 答多项选择题时，一定要阅读完全部选项。如果对答案没把握，先排除错误的选项，再从剩下的选项中挑选出最像样的那个答案。字数少、表达不精确的选项通常是错误的。

■ PCWC 策略也适用于完成项目任务和作业。做小组作业时，你应该有技巧地选择小组成员，实现共享目标、分配任务，设定最后期限。

■ 口语考试或口头报告之前，请进行演讲练习，不断地练习，更充分地练习。面向你的观众说话，注意你的身体语言，充满热情地说话。

- 从老师那里拿回作业时，请阅读评语，并对比参考答案。从你的错误中吸取教训，总结问题，督促自己下次考得更好。
- 成绩申诉之前，你应该阅读参考答案，找到申诉理由。使用这些信息写一份有理有据的申诉书。仅当成绩申诉不会导致分数更低时，才递交成绩申诉书。

SUPER STUDENT
第三部分
正确思考

哈拉尔德 J. 罗尼伯格
(Harald J. Ronneberg)

哈拉尔德是挪威TV2频道《托马斯和哈拉尔德午夜秀》的节目主持人。他和托马斯·那木（Thomas Numme）一起创办了挪威收视率最高的《托马斯和哈拉尔德午夜秀》，曾三次获得挪威“金屏幕”奖。哈拉尔德因敢于做常人不敢做的事情而闻名，比如滑雪横跨格陵兰岛，在霍尔门科伦滑雪跳台进行跳台滑雪等。他毕业于BI挪威商学院，获经济学学士学位。

我们生活在一个压力无处不在的社会。这让我们很容易感到紧张不安，陷入负面思考。通常，我们会很自然地去想事情的状况不妙，却不会去想该做些什么让事情好转。如果你想让事情往好的方向发展，重要的一点就是控制你的思维，要正确地思考。想知道这个秘密吗？如果你认为一切都会变得糟糕，那么它就真的会变得糟糕。

我从未有过跳台滑雪的经验，却决定在午夜秀节目上展示从霍尔门科伦滑雪跳台上跳下去滑雪。很多人认为我疯了。好多次，我自己也被吓傻了。心里想，我究竟在做什么。不过，既然我设定了目标，要在三周内完成跳台滑雪，我就该相信自己。我曾经也挑战过艰难的任务，所以我知道，如果我愿意足够努力地去做，我就能够做到。我制定了循序渐进的目标，集中精力做足一切准备。比方说先从在小山坡上练习跳台滑雪开始。这样做真的有效！

作为主持人，托马斯和我时不时会被提醒，控制自己的思维很重要。总有人不喜欢我们。不过，假如我们把精力都放在那些不喜欢我们的人身上，我们就无法为喜欢我们的人创作出好的电视节目。

我的人生格言是：事已至此，坏已到底。没有人能一直成功。那又怎样呢？别害怕失败。考试没考好，这个世界不会崩溃。你身上优缺点兼具，请用你的长处弥补短处。相信自己，积极点儿，把挫折视为让你下一次成功的学习机会。当你这样坚持到最后，定会惊讶不已。

第 11 章

动力和态度

“你说过，坚持才会成功。所以，我会坚持等到你承认我是对的。”

动力决定一切

几年前有一场公益筹款比赛，任何人都可以参与。参加者都被要求站在一块 70 厘米 ×70 厘米的小地毯上，一只手抓着一根绳子。比赛期间，除了几次短暂的休息之外，不论白天黑夜，风吹下雨，他们都得站在那里。奖品是一辆 1956 年的宾利古董车。大约有 100 个人参加了这个比赛，其中一位参赛者是一位刚刚经历了丧子之痛的父亲，他的孩子因先天性心脏病而辞世。这位父亲是为了纪念自己的孩子而来参加这次比赛的。卖掉奖品的善款能够给他的家人盖一套房子。这位父亲参赛的决心非常坚定，有着巨大的动力让自己坚持到底。相比那些想着一夜暴富的参赛者，他有着更执着的动力。不管他的腿有多痛，他有多饿、多困，他的动力让他不被打垮。24 个小时过去了，只剩下这位父亲和另一位参赛者两个人。48 个小时后，他们两个人都筋疲力尽，毫无力气，仅靠他们自身的内在动力支撑下去。50 个小时后，另一位参赛者终于放弃了！这位父亲的动力，谁都打不垮！

动力被定义为支持行为发生和维持行为的力量。它是我们追求某个具体目标的渴望或需求。**简单来说，我们认为动力代表了你究竟有多么渴望某件事物。如果你**

真心想学习好，那么你就会充满学习的动力。

为什么动力如此重要呢？因为动力和行为结果息息相关。有关学习的研究指出，表现好的人往往充满动力。比如说，德国有一项3500名学生参与的研究表明，学习动力十足的学生比缺乏动力的学生数学学习情况更好，分数更高。

如果你获得高分的动力越足，你就越充满动力，成绩也会更好。动力给你提供奋斗的方向，让你干劲十足，变得更加强大。它支持你，让你能够做出更好的选择，在你的意识和潜意识中发挥作用。因此，当你想做什么的时候，坚持下去吧！

内部动力和外部动力

心理学家把动力分为内部动力和外部动力。如果觉得做一项活动对自身是有好处的，这就是内部动力。有人认为踢足球很有趣，所以就去踢足球了，这是内部动力使然，活动本身就是目标；而如果好处是在活动之外的，那就涉及外部动力了。踢足球是为了保持身材，这是外部动力。

好奇心是强大的内部动力。好奇心促使婴儿探索房间的每个角落，激励科学家和冒险家不断探索。当人们问登上珠穆朗玛峰的第一人乔治·马洛里（George Mallory）为什么他想要征服珠穆朗玛峰时，他不假思索地回答："因为山就在那里。"

喜欢学习、认为学习材料有趣的同学往往具有内部动力。因为学习表现不错而获得良好自我感觉的同学也具有内部动力。其他人也许同时具有内部动力和外部动力，或者仅受外部动力驱动。

值得庆幸的是，你如何自我驱动的具体方式并不重要，重要的是你自我驱动的动力有多大。这就是我们在这一节的重要话题。

如何自我驱动

是时候让你发掘对自身更有效的自我驱动技巧了。

1. 建立内部动力

改变你对待学习的态度，不要只看它值不值得。试着培养自己对学习内容的好奇心和兴趣。好奇心是强大的驱动力。此外，试着想出几条所学课程为什么重要的原因，并且找到乐趣（参见"找到乐趣"章节）。

2. 给自己设定目标

设定目标是使用得最频繁的自我驱动技巧，因此，我们将会单独用一整节来谈它。我认为最强大的自我驱动技巧就是给自己设定一个大目标，一个你真正在意的目标。也许它只是一个梦想，却能激励你努力学习。比方说，如果你梦想毕业后找到一份令你兴奋的工作，但你知道获得它并不容易，那么你的梦想会激励你好好学习。如果你梦想成为医生或兽医，但你深知考入医学院或兽医学校难度很高，那么你的梦想也同样会激励你加倍努力。

3. 想象“感觉棒极了”的感受

“感觉棒极了”通常是对精通某事，了然于心且胸有成竹的一种感受。能掌控具有挑战性的事情并胸有成竹，会带给你满足感和成就感。你肯定记得，当你读不懂所学内容时，你有多么挫败沮丧。忽然，你好像灵光乍现般读懂了，挫败感立马消失，你“感觉棒极了”。当你阅读有点难度的内容时，想象一下读懂了之后那种棒极了的感受，别放弃。当你总是拖拖拉拉坐不下来学习时，想一想你努力学习后获得回报（比如拿高分）时的超棒感觉吧。

4. 奖励自己

心理学家发现，如果进行一项活动是为了获得奖励，而最终活动本身就变成了奖励。换句话说，当你习惯于把学习和好事情联系在一起，反反复复地这样做，那么学习就会变得越来越有趣。比如说，你可以跟自己约定好，阅读并且理解了作业布置的三个章内容，你就可以看部电影奖励自己。想让这个技巧发挥作用，你得确保奖励必须在学习行为之后。并且请注意，有些心理学家认为奖励会削弱行为的内部动力。

5. 唤起你的竞争本能

我们大部分人都拥有竞争本能，很多轻松的活动中都包含了竞争元素。如果玩扑克牌不追求输赢，还有什么好玩的呢？观看越野滑雪赛，如果参赛者之间没有竞争的话，又有什么好看的呢？竞争撩拨了我们的内心，赋予活动意义，让人为之兴奋不已。如果你参加了一项体育运动，你会发现和他人一起做运动游戏比自己单纯做运动有趣得多。竞争让你更加努力，激发无限动力。游戏时的你比练习时跑得更快，表现更棒。倘若你唤醒了自己的竞争本能，它就能带给你十足的推动力促进你学习。不妨和自己竞争，看看自己能不能比昨天学习更长时间，平均成绩能不能比上学期更高。此外，你也可以和同班同学竞争，和班级平均成绩比较。在牛津读书的时候，我和同学赌成绩，成绩低的人就得整个冬天都做蛋糕给赢的人吃。这个打赌让我学习时格外有动力。最终，我赢得了免费的蛋糕。不过，就算我输了，我也仍然比以前变得更好，这场打赌给了我学习的动力，这才是最重要的。在这个意义上，这个赌局中没有人输，你我都是赢家。

动力不足时

动力不足时你要怎么办？**我们都经历过灰暗的日子，一切都不明朗，我们怀疑付出的努力能不能带来我们想要的结果。在这种日子里，别太为难自己，可以等情况好转后再重整旗鼓，不过，也不妨做点什么振奋精神的事情**。你可以重读这本书，列出学习所学课程的各种理由，或者列出学习优秀带来的好处。

提高自己的学习动力，你会获益良多。你不会再感觉学习是你的负担，而你也会变得更加有毅力、专注和努力。动力如同汽车的汽油，汽油充足时，车子就能跑得更远；而当汽油耗尽，车子就无法前进。动力就是一切。

要点小结

- 动力极其重要。动力让你专注、干劲十足。
- 想要驱动自己，你得：

（1）尝试培养你对所学内容的兴趣，并发现乐趣。

（2）给自己设定目标。

（3）想象当你能轻松处理困难问题并获得好成果时的良好感受。

（4）奖励自己。

（5）把学习当成竞争的舞台，唤起你的竞争本能。

对你的学习和表现负责任

想象你正搭公交车去上班或去重要的地方。快迟到了，但你还有机会及时赶到，重点是别迟到就好。幸好快到了，还有不到 200 米车就要进站了。不过，突然情况不妙，前方出现事故，车都堵住动不了。公交车司机打开车门，方便想下车的乘客下车。你要怎么做？坐在车上忍着等着，等道路通畅后公交车开进车站再下车？不！你得起身迈开腿，最后几步路自己走过去。遇到小问题你知道该怎么解决，但是，如果遇到学习上的大挑战时，你会怎么做呢？很多学生遇到困难时都习惯把自己视为困难的受害者。上课听不懂，所以学得很差不是自己的问题；家里很吵，所以没办法读书。诸如此类。

老师的课讲得不好、教材很差、课程太难、日子太糟糕，对每个人来说，这都是生活的真相，但绝不是糟糕学习表现的借口。通向成功的关键一步就在于认识到你要为自己的表现负责。安排好学习的时间，并在那段时间里专心学习，这是你自己的责任。好好复习备考，也是你的责任。遇到困难后克服困难，同样是你自己的责任。看不明白教材中的解释不是你什么都不做的借口。你可以找其他的参考书，或者采用其他的学习方式，请教别人，上网查资料。**很快你就会认识到是你自己挡住了成功的路，解决问题的关键是你自己。此时，一切朝好的方向发展，是因为你拥有了自控力**。当你习惯于承担责任，困难发生的时候，你就会更快地找到解决办法。

找到对你有效的方法

安妮塔是社会科学专业的学生，她和三个朋友同住一间公寓。她们经常听到安妮塔大声朗读。起初，她们觉得有点奇怪，认为安妮塔也许是要念给谁听。但是安妮塔一个人也总是这样。后来她们问了她。安妮塔回答道："嗯，我发现当我大声朗读时，能记下的内容比默读状态下多一倍。"安妮塔的行为并不奇怪，反而是合情合理的。

人们最好的学习表现通常出现在各自不同的状态下。比如说，有人需要闭上眼睛，隔绝视觉干扰才能更专注。因此，你应该认识自己，了解究竟怎样才能让自己的努力事半功倍。不过，千万不要等到毕业了才意识到这件事。**在奋斗的路上尝试新方法很重要**。但这并不意味着你要全盘接受这些新方法，你可以有自己的质疑。没必要仅仅因为别人建议，你就跑去听某门课程。不过在很多领域中，尝试新方法都能带来进步。如果你从不尝试新方法，就永远无法进步。因此，请对别人的建议持开放的态度，试试它们对你有没有效果，要是有效就利用起来。**保持开放的心态会有助于你进步。**

要点小结

- 对你的学习和表现负责任。只有这样做，你才能更迅速地找到解决困难的办法。
- 面对困难，不要抱怨。相反，发挥创意，找到各种解决办法。

第 12 章

思维技巧

给自己设定目标

金·凯瑞（Jim Carrey）在成名之前，曾一度为努力成为成功的演员而挣扎。他出身贫寒家庭，去好莱坞闯荡时身无分文。传言说他们家太穷了，常常住在亲戚家后院停着的车子里。不过，尽管金·凯瑞没有钱，但是他有远大志向。他曾说，他时常开着他那辆老旧的丰田轿车，一路沿着穆赫兰道去看洛杉矶的景色，想象自己的未来。一天夜晚，他决心给自己定个目标。他给自己签了一张 1000 万美元的支票，约定五年后兑现这笔钱。他把这张支票放进钱包里，以便时常提醒自己。昨日已成历史，他拍摄了大量成功电影，例如《神探飞机头》《变相怪杰》和《阿呆与阿瓜》。五年之后的金·凯瑞拥有的财富远远超过 1000 万美元。

你也许不会像金·凯瑞那样去爬附近的小山，俯瞰你所在的城市，梦想自己的未来。但是你可以像他一样采用设定目标的策略实现自己的愿望。**目标至关重要，它提供给我们奋斗的方向和驱动力**。有人以努力做好当下的工作来激励自己，但我们大部分人都需要时刻提醒自己奋斗的目标是什么。

好的目标会激励人。每当你想起它，就会感觉充实，它帮助你变得专注，在日常生活中做出更多正确的选择。不过目标应该是具体的。全世界各地大量的研究表明，具体的目标会提升个人表现。

聪明原则目标

一个好的目标应该方便记忆，符合聪明原则（SMART）。聪明原则中每一个字母都代表了好目标应该具有的鲜明特点（见表 12-1）。

表 12-1

具体（specific）	目标应该表述简洁，内容清晰
可量化（measurable）	目标的结果可以测量，比如说考试分数
有挑战性（ambitious）	目标不是简简单单就能完成的，应该更具挑战性
切实可行（realistic）	目标应该是切合实际的，并且不会让你精神崩溃
有时间限定（time limited）	目标应该设有确定的完成时间

符合聪明原则目标的例子

- 本学期平均绩点达到 3.75 以上。
- 下次作业拿到 A。
- “解剖学”拿到 A。
- 明年去中国交流，学好汉语以便在交流期间能够应对在中国的生活。

不符合聪明原则目标的例子

- 学得好一点。
- 考试之前多复习一点。
- 分数尽可能考高一点。
- 同时拿到三个本科学位，每门课都拿 A。

这些目标都不“聪明”，因为它们不具体、不可量化、没有时间限定，而最后一个目标根本不现实。

为自己设定多个目标

为了更好地完成目标，应该同时设定长期和短期目标。在《动机和掌控》(*Movivation and Mastering*) 这本书中，沃姆恩斯 (Wormnes) 和曼格 (Manger) 写道：“我们所设定的小目标能激励我们坚持到底，时刻充满动力。每完成一个目标，我们都深受鼓舞，看到自己的努力有了成效，值得继续坚持下去。它也让我们对未来充满期待，因此不知不觉中充满前进的动力。这种激励效果有大量的证据支持。”

建议目标

以下设定的目标供你参考：

（1）毕业后继续深造或就业（长期目标）；

（2）提高在校成绩平均分（长期目标）；

（3）提高本学期的成绩平均分（短期目标）；

（4）提高本学期每门课的分数（短期目标）；

（5）提高每个学习时段的学习效率（短期微目标）。

学习过程中及时调整目标既必要又重要。开始学习时或学期之初，你未必有足够深远的认识来制定切实可行的目标。有时候非常容易就完成了全部目标。在这种情况下，你必须调整目标。如果成绩和目标之间的差距太大，你就很容易会缺乏动力。如果你给自己设定的目标是在求学期间保持平均绩点 4.5，但入学第一年你就完成了这个目标，那么应该考虑将目标绩点提高到 4.75 ～ 5。

前面曾提过，你必须准备好面对任何结果，才不会在小目标都达不到的时候陷入自我批评、消极否定的负面情绪中。

提醒自己别忘记

为了让设定的目标发挥强大力量，我们必须经常提醒自己。**一旦我们忘了设定的目标，一切皆成浮云**。这也是为什么许多运动心理学家建议我们把目标写下来，放在能经常看到的地方。当你写下目标，你就强化了它们。如果你把它们写在多个地方，就进一步增强了它们的力量。金·凯瑞把他的目标放在钱包里，天天提醒自己。奥运会冠军、激励大师埃吉尔·索比 (Egil Soby) 建议把目标写成海报，挂在最显眼的地方，比如书桌上方。你还可以把自己的目标设置为手机或电脑桌面，甚至其他更有创意的方法。

要点小结

- 目标给你驱动力和激励。把它们写下来并放在你经常能看到的地方。
- 给自己设定多个目标，包括主要目标和次要目标。过程中根据需求不断调整目标。
- 设定符合聪明原则（SMART）的目标：具体（specific）、可量化（measurable）、有挑战性（ambitious）、切实可行（realistic）、有时间限定（time limited）。

找到乐趣

彼得是一个车迷，常以车为傲。他喜欢清洗自己的爱车，上网淘来各种炫酷汽车装备。彼得的哥哥迈克也有一辆车，不过对他而言，车就只是代步工具。每次换车灯或者洗车的时候，他都觉得麻烦。

为什么同一件事有人喜欢却有人厌恶呢？比如花时间修剪花园或者烹饪这类事情，有些人特别喜欢做，对他们来说，这些是自己的爱好，做的时候会感觉愉快、精力充沛；而另一些人却会对此感到烦躁，更愿意去做其他事。

学习也是一样的道理。有些人觉得学习是人生乐事。在学习新知识、解决问题的过程中他们感觉快乐；而另一些人却认为学习是被迫的，是躲不掉的恶魔。如果每个人都能在学习中发现乐趣该多好，哪怕找到一点点乐趣也好。

如果你明白学习是有意义的，事实上也很有趣的话，你就不仅仅可以学得更多，也学得更快。乐在其中时，人们做事的效果更好。2005 年美国心理协会期刊上的一篇文章是这样解释的："不少研究显示，内心快乐与满足的人在工作、友谊和人际关系上都更容易成功。他们的收入更高，身体更健康。"

我见过很多学生成功地赋予学习以意义，所以我深信你也可以做到。此外，**如果人们能赋予观鸟、看飞机和集邮以意义，并找到快乐，那么你也肯定能找到学习的意义和快乐。相比那些不费脑子的消遣娱乐，学习在未来带给你的回报必定丰厚。**

如何创造更多乐趣

1. 改变你的态度

你的态度在很大程度上决定你的感受。如果一开始你就认定看教科书是一件无聊而且费劲的事情，那么很可能你的实际感受就是如此。相反，如果你跟自己说："我喜欢学习，现在要读的内容很有趣，而且有助于我实现目标。"这样一来，可能学习起来更加快乐。

高中时我曾在一家餐厅打过工，那份工作彻底改变了我对学习的看法。这是一家很受欢迎的餐厅，厨房很小，不过要做的工作很多。我得洗碗、擦桌子、做比萨饼、倒垃圾。我经常连续工作好几个小时都没有休息，也不知道还要多久才能下班回家。当我回到家的时候，已经筋疲力尽。这段经历让我更客观地看待学习这件事，也让我恍然大悟，原来读书和做作业根本没那么糟糕。

你也许会说，这样自我洗脑根本不能带来任何改变，现实还是一样。但是，很遗憾，你错了，**我们的想法决定了我们对现实的感受**。大声说出来确实会产生效果，而且，你真的可以引导自己的想法转向积极的方向。请试试吧！

2. 和他人一起学习

和他人一起学习会减轻学习的沉重负担，也会让学习变得更愉快。就像本书第一部分所说的，和他人一起学习还能提高学习成绩。不过你得确保学习时不能随随便便！

3. 进入“浑然自我”的状态

“浑然自我”(flow state) 是你沉浸于做某事时废寝忘食的一种状态。你的注意力全都集中在这件事情上，因此周围的人、各种干扰和身心需求都被忽略了。处于这种状态时，个人满足感不断增加，努力付出后的成效也更好。你的工作更加高效。

作家、作曲家、科学家和艺术家都是这类典型人物。他们经常沉浸于自己的工作，所以更容易进入“浑然自我”的状态。不过，**任何人在解决重要而复杂的问题时，都能进入“浑然”状态**。你也可能曾多次进入过这种“浑然自我”的状态，只是没意识到而已。想要进入这种高效、满足感爆棚的状态，你必须保证自己百分之百全身心投入，把干扰降到最低，掌控正在做的事情。

要点小结

- ▶ 如果你能够提高兴趣，发掘学习的乐趣，学习就会变得容易。
- ▶ 想拥有更多学习乐趣，你得改变自己的态度，告诉自己学习其实挺有趣。和他人一起学习，提高学习效果。把干扰降到最低，掌控学习任务，百分之百投入，进入“浑然自我”的状态。

相信自己

大黄蜂的翅膀比起其硕大沉重的身体实在是小，小到简直不可能让它飞起来。但是大黄蜂不知道自己的翅膀这么小，所以，它像其他昆虫一样快活地飞来飞去。

很多限制其实都是我们自己加给自己的。如果你能忘记自己的弱点，相信自己，你就会惊讶于将发生的一切。你会有更多力量克服挫折，找到更有创意的解决方法。这就好比大黄蜂，它不是以正常的方式抖动翅膀，而是以每秒将近200下的速度以8字形抖动。它的翅膀好像小小的推进器，提着沉重的身躯向上飞行、向前俯冲。它就是这么飞着的。

个人成功学的顶尖导师拿破仑·希尔(Napoleon Hill)曾说：**“但凡我们能用自己的智慧想象到的、我们所坚信的，我们也都能实现。”**

今天，人们普遍认为，对自己和能力的信任对个人表现的影响重大。想要成功，我们首先应该相信自己的能力。不论你是准备参加竞赛的运动员，还是为学习而奋斗的学生，请相信你自己和你的能力。

相信自己在很大程度上就是自信。在《动机和掌控》这本书中，沃姆恩斯和曼格写道：“强烈但务实的自信是当下必备的个人优势，对个人技能和工作效率的信任会提升个人表现。”

过于自信会让人错以为自己定会成功，因而导致傲慢，疏于奋斗。不过，不自信却让一切变得更糟糕，可能导致连尝试都不愿意就先放弃了，认为毫无意义。每当我努力应对学习的挑战时，我就告诉自己：**“很多人一定和我一样遇到过这个挑战。他们中间一定也有人认为它很难。我不是最差的那个，我肯定能成功。”**

如何提升对自己的信任

说“相信自己”很容易，但做起来不容易。因此你需要提升你的自信。练习可以帮助你，也有一些实用的小技巧。你可以回想你曾经成功解决某个困难任务的时刻，或者攻克难关的时刻。想到你也曾顺利解决过困难问题，那么你就能够再次成功。列出这些成功任务或时刻，时常拿出来提醒自己。除此之外，不妨像我这样思考：想想你要达到的目标是什么，是不是有许多人曾经实现过这个目标。那么，你也一定可以。**别不自信，别让它打败你，你能够做到的比你想象的多**。

要点小结

- ▶ 相信你自己！自信能够提升你的学习表现并且可以不断完善。
- ▶ 加深对自己的信任，回想你曾经成功解决某个困难任务的时刻，或者攻克难关的时刻。除此之外，想想你要达到的目标是什么，是不是有许多人曾经实现过这个目标。那么，你也可以。

积极正面地思考

“不可能”是小人物们时常挂在嘴边的话，是他们抛出的空洞字眼。他们觉得在既有的世界里生存更容易，而改变世界太难。“不可能”不是客观事实，而是一种个人主张；它不是断言，而是挑战。“不可能”是可能的、暂时的。世间没有不可能。

——穆罕默德·阿里 (Muhammad Ali)

想法和期望具有强大的力量。这一点被医学界广泛认可。比如，研究表明，人们拿到没有任何有效治愈成分的药片，却被告知是止疼片后，都会感觉疼痛减轻。如果被告知这些药片具有诸如头痛或呕吐的副作用，就真的有人会呕吐，有人会头痛。在医学界，这被称作“安慰剂效应”。这种因我们的期望和想法带来的效应不仅限于医学界。有研究显示，**如果我们积极正面地思考，相信自己未来能够成功，那么成功的概率就会增加**。正如沃姆恩斯和曼格在《动机和掌控》一书中所写：“我们越是相信某种训练将帮助到自己，最终的训练结果就会越好。”

《乐观的力量》(*The Power of Optimism*) 的作者洛伊·麦金尼斯（Loy McGinnis）更是不遗余力地宣扬：乐观不仅仅让你的学业出众，也让你拥有更健康的身体，赚更多钱，婚姻更长久、更幸福，亲子关系更加亲近，寿命也许也会更长。

史蒂夫·钱德勒(Steve Chandler)在《自我激励的100种方法》(*100 Ways to Motivate Yourself*)一书中提到："不论你给自己设定了怎样的目标，积极正面的态度会让你以10倍的速度完成它们。"**消极负面的心态会消耗你的能量，让你把注意力集中在问题本身和糟糕的结果上，却不去解决问题。**也就是说，**消极负面的想法误导了你的注意力。**如果你想着"这门考试我要挂了，我什么都不会"，那么你真的就会消极应考。你只关注了问题本身。相反，如果你想着"离考试还有五天，还有许多需要学习，我该怎么做呢"，这时你的想法是积极正面的，你把焦点都放在了解决办法上。此外，**积极正面的态度还意味着你能从别人眼中的逆境里看到机会**，把焦点集中在你设定的自我目标上。

如何积极正面地思考

1. 使用正确的词语和问题

我们使用的词语和所问的问题都影响着我们的想法。如果你问自己："我要做些什么才能变得最好呢?"这时，你的潜意识会自动去寻找答案。如果你跟自己说

“我就是自己的主人。当我想要什么时，我就会成功。压力之下我会工作得更好”，那么，你的潜意识也会助你实现所想。

2. 微笑

快乐的时候我们会微笑，所以，我们的身体将微笑和积极的东西联系在了一起。正如本书第一部分所写，这种关系是双向的。因此，哪怕只是强迫自己微笑，也会让你变得积极、状态更好。

3. 和积极的人交往

他人的观点会影响我们，态度是会传染的，因此让自己和积极的人交往吧。

备战逆境

积极正面地思考并不意味着你要变得不谙世事，这一点必须说清楚。在实现你个人目标的路上，你必须随时准备接受一个事实——失败。美国历史上最伟大的总统之一亚伯拉罕·林肯 (Abraham Lincoln) 曾经两次生意失败，四次竞选国会议员失败。**真正的乐观主义者不会期待没有阻碍，随随便便就成功，而是随时准备迎接逆境，但从来不会过分关注逆境。一旦逆境到来，他们会**

面向未来，寻找解决办法。真正的乐观主义者关注的是问题的解决方案而非问题本身。

要点小结

- 积极正面地思考。负面消极的想法消耗你的能量；正面积极的想法增加你成功的机会。
- 积极正面地思考，请使用正确的词语和问题：“我就是自己的主人。我要如何解决问题？”请微笑，请和积极的人在一起。
- 备战逆境，但不要过分关注这件事。

克服紧张和压力

压力和紧张增加了学习的难度，限制了学习表现。因此，有必要了解如何最大限度克服压力，缓解紧张感。

压力

压力是一种因为事情太多但时间太少而产生的感受。不过，压力不一定都是消极的。适度压力能让心跳加速，给大脑供应更多血液。它也让你呼吸更急促，输送更多氧气给大脑。所以，压力让你变得警觉、注意力集中，让大脑快速运作。如果你担心会赶不上公交车，那就跑起来！如果你真的惧怕什么，身体会向肌肉传送更多肾上腺素，你就可以做得更好，比如跑得更快。所以，考试期间保持一点压力会提升你的考试表现。

不过，如果你一直紧绷着，或承受的压力过大，则会适得其反。这种压力让你的身体过分工作，比如持续运动一块肌肉不让它休息。压力和个人表现的关系如图 12-1 所示。

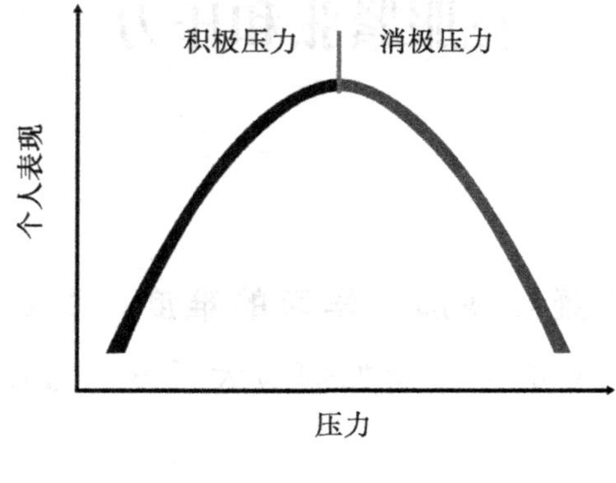

图 12-1

如何克服压力

以下 3 步可帮助克服压力。

（1）先解决部分问题。看看你是否能挪出一些时间，或减少你必须完成的事情。你能不能把问题拆分成若干小部分？

（2）也许可以延迟个别事项的完成期限，或者用更聪明的方法完成。也许你也可以找他人帮忙，或和他们合作完成。

（3）冷静。试着让自己不要有压力，想想其他事情。尝试放松压力的各种方法，比如冥想、腹式呼吸或者小睡一下。

培养面对压力的积极态度。研究表明，看到压力的积极方面（上文提到的压力的正面作用）就能减少压力，增加自信，身体也不会感到紧张。一项针对 3 万名美国人长达8年的研究表明，那些在经历压力时能积极看待压力的人身体更健康、寿命更长，消极看待压力的人状况刚好相反。研究者们又进一步得出结论，美国每年有2万多人不是因为死于压力过大，而是他们面对压力的消极心态。另一项哈佛大学的研究要求学生完成高压力的任务。半数的学生被告知压力是危险有害的，另一半则被告知压力是有积极作用的。结果后面这群学生表现得更自信，更不容易被高压力的任务影响。心理学实验表明，当人们感觉高兴或勇敢尝试时，他们的身体也会做出相应的积极反应，而前面那群学生则出现血管收缩的身体反应，会对心脏产生危害。

紧张

紧张是害怕表现不佳。本质上，它就是“把悲伤提前了”。我们认为未来可能失败，因此失去动力、内心沮丧。然而，适度的紧张和适度的压力一样，是有益的，可提高我们的注意力和专注力。这就好像叫你“不要杞人忧天”一样，但是，你必须全力以赴才能保证有好的表现。**过分紧张会限制你的表现，耗尽你的能力，阻碍你专注于正确的事情上。**

如何缓解紧张

以下 6 步可帮助你缓解紧张。

（1）控制你的思想。我们容易选择消极想法，想着“万一”和“如果”的事，并因此感到紧张。你可以控制这种想法来缓解紧张感。试着避免“提前忧伤”。当消极的想法占据了你的大脑时，去想些别的事情，换个焦点，对自己说“我能解决好，我要全力以赴”。

（2）做好准备。做好准备，例如事前了解学习内容，可以降低失败的概率。当你知道自己准备充分，失败的概率就很小，也就不会太紧张。所以，做好准备可谓是一举两得。

（3）降低不确定性。了解考试题型、规则，以及评判方式等有助于缓解紧张感。因此，请事前了解这些信息。

（4）图像化策略。19 世纪 60 年代的美国运动学家曾使用图像化策略，这一策略基于对行为的想象。找一个不被打扰的地方坐下，闭上眼睛，想象你进入考场，坐下，想象你周围的人或事，比方说其他学生和监考老师。把整个考试过程想一遍，想象你成功应考。花大概 10 分钟，做 10 ~ 15 次这样的想象。此外，也想象一下如果出了状况你要怎么处理，比如被问到一个你不熟悉的话题，你的脑子忽然卡壳了，或者你的计算器突然故障了。如果到时这些情况真的发生了，你就好像经历过一样心里有数。

（5）呼吸技巧。正确的呼吸技巧帮助你对抗紧张。做腹式呼吸，深深地呼和吸，缓解肌肉紧张，让整个人放松下来。

（6）活动身体，休息一下。运动及其他身体活动能帮助你专注思想。此外，运动让大脑释放内啡肽，从而让你感觉愉悦。

要点小结

- 适度的压力是有益的，它会带给你额外的能量，提升个人表现。
- 减少有害压力，从根本上掌控问题本身。减少工作量，空出更多时间，或者提高工作效率。冷静，采取腹式呼吸，或使用类似冥想的放松技巧。
- 要缓解紧张感，你得积极正面地思考。做好准备才能将失败的概率降到最低，熟悉考试过程可以减少不安，想象成功应试的情景，好好深呼吸。

自 律

卓尔不群的人都具有一种特质，无关天赋、教育背景或智力，而是自律。当众人都陷入平庸的泥淖无法解脱时，自律让人充满抱负，最终成就非凡。自律让一切成为可能。缺乏自律，即使是最简单的目标也可能变成无法实现的梦想。

——美国前总统西奥多·罗斯福 (Theodor Roosevelt)

自律是实现个人目标所必须具备的一种力量，尽管自律本身是无聊而枯燥的。自律会让你在晴天艳阳的日子也能坐好打开书学习，因为明天你有一场重要的考试。自律让你能够专心坐着学习，抵抗想刷 Facebook、看电邮和手机的诱惑。自律还会让你在经过糖果货架时能够克制住不买，因为你深知你不该买。自律也会让你在闹钟响起的时候能够立即起床，而不是继续在床上躺半个小时。

有人曾说，**生活就是在两种极端中做出持续不断的平衡，一边是活在当下，一边是为了明天牺牲今天**。自律就是这种平衡。牺牲今天的某件事情，比如与同学玩乐，为的是将来收获好的回报，比如获得高分或者梦想的工作机会。

不少研究表明，越自律的人越容易成功。20 世纪六七十年代，斯坦福大学心理学家沃尔特·米歇尔(Walter Mischel) 曾做过的一系列实验就是最经典的例子。在这些实验中，米歇尔给予孩子们两种选择，要么现在只拿到 1 颗棉花糖，要么等待 15 分钟拿到 2 颗棉花糖。结果表明，那些自律等待的孩子在未来的成绩要出色得多。此外，他们在其他领域也有更好的表现，连身材体型都更健康完美。

因此，你也能从自律练习中受益，说过什么就要做到。如果你决定完成作业，那么请做完它。对于自律来说，最大的挑战在于：大部分人都清楚地知道他们应该做什么，但付诸实践不容易。下面让我们一起看看我们如何更好地做到自律。

自律的工作机制

自律通常被比喻成肌肉，因为它可以像肌肉一样被锻炼，变得强壮，同时也不能锻炼过度。许多研究显示，自律是有限的，每天人们都得分配一部分自律在工作、学习、锻炼、饮食和其他事情上。比如你要戒烟，你很可能需要更多自律来克制自己不抽烟，那么你就很难再要求自己在其他事情上做到严格自律。

佛罗里达州立大学罗伊·鲍迈斯特 (Roy Baumeister) 的一项研究支持这种观点，1998 年在《性格和社会心理学》期刊上发表了相关论文。在他的研究实验中，67 个人被安排到单独的房间里。他们面前有两个碗，一个碗里盛放着刚刚烤好的巧克力饼干和糖果，而另一个碗里是一些萝卜。一半受试者可以吃有糖的那碗，而另一半则只能吃萝卜。这项研究的设计是为了让只允许吃萝卜的受试者使用自律，克制自己不去吃糖，他们都努力做到了。这时，其中 8 个人被带到另外一个房间，并给他们 30 分钟解一道难题。事实上这道题无解，不过受试者并不知道。之前没有用到自律被允许吃糖的那部分受试者，这时拥有足够的自律来控制自己，平均违规的时间在 19 分钟；而那些之前用了自律控制自己不能吃糖的受试者平均 8 分钟就放弃了。

如何应对自律不足

正如我们前面所说，**自律是有限的。所以，如果有太多事情需要做到自律，那么就要把自律用在最重要的事情上**。不过，这只是短期的解决方法。要解决自律不足，我们必须培养自身的自律性才能获得长久的自律。

1. 培养你的自律性

即使是工作学习时保持正确坐姿这样简单的小事，如果每天能做到，也是自律性改善的表现。因此，请规律地训练你的自律性，哪怕目前你觉得还不需要它。

解决自律问题还有其他技巧，即移除选择，一开始就避免问题发生。最为人熟知的例子是关于奥德修斯的故事。几千年前，奥德修斯乘船去远方，路途中遇到美丽而充满诱惑的海妖塞壬。塞壬用她美妙的歌声引诱往来的航海者从而使他们死亡。奥德修斯深知他也无法抵抗那美妙的歌声，当听到歌声时，就会情不自禁地追随，即使那会置他于死地。因此，他把自己绑在桅杆上，使自己无法追随歌声，避免受到诱惑，最终安全经过塞壬，逃过了一劫。

2. "把自己绑在桅杆上"：移除选择

不妨像奥德修斯那样，让自己在面对诱惑时没有选择。为了保证自己每天早上准时起床，下载一个需要解答简单数学问题才能解锁的 APP 闹铃在你的手机上。不然和朋友约定早上一起坐车去学校。

3. 消除诱惑

如果你打算戒烟，是否出门时口袋里还放着一包烟呢？**为了避免自律性不强，最好的方法就是消除让我们陷入困境的各种诱惑。**为了避免你在学习时查看Facebook，在手机或电脑上下载屏蔽这些诱惑的APP。更好的办法是去上课或学习的时候，根本不要带手机和电脑。把手机调至静音，放进背包里吧。

4. 利用动力和目标

如果你非常想要减肥的话，对甜品说“不”是最简单的自律训练。同样，面对诱惑时，想想你给自己设定的目标，就能让自己更有意志力抵抗诱惑，做到自律。写下目标也很有效。我认识一个想要减肥的女孩，她会写下自己减肥的全部理由。每次面对美食诱惑时，她就会从钱包里拿出那份减肥理由清单看一看，克制自己。这个办法帮她做出正确的选择，最终她减掉了50多公斤体重。

5. 养成好习惯

习惯每天早上锻炼的人不需要什么自律也能做到。**当我们养成了良好的习惯，正确的决定就会自然而然发生。**下一节我们将谈谈习惯的问题。

要点小结

- 自律的学生的成绩会更好。
- 每天的自律是有限的，需要分配到工作、学习、锻炼、饮食和其他事情上。但自律可以培养，这样就能拥有更充足的自律来做更多事情。

- 你可以通过“把自己绑在桅杆上”的方法避免因自律不足而带来的各种问题。消除各种选择和诱惑，提醒自己所定的目标，养成好习惯。

习惯：习惯成功

表现卓越的人会注意各种小细节。当大多数人习惯不佳时，他们却养成了好的习惯，擅长在每日生活中做出细小但正确的选择。这不是天赋的问题，而是选择的结果。每一天的这些选择并不会带来大的改变，但是，假以时日，日积月累，却会发生惊人的变化。这并非个人天赋的差异，因此每个人都能挖掘内在的可能性。你也可以。

——节选自埃里克·贝特朗·拉森 (Erik Bertrand Larssen) 的《心理训练让你变得更棒》(*Become Best Through Mental Training*)

好习惯的重要性通常在成功人士的身上表现得淋漓尽致。好学生也是一样。如果你有充足的时间，好习惯就不是成功的绝对必要条件。尽管很多学生的学习、睡眠、饮食和运动习惯不好，但他们中间成功的例子也不少。不过，**当生活因为远大的志向，以及工作、运动和学习任务繁多而变得时间紧迫的时候，好习惯就格外重要，甚至很关键**。如果你想做到最好，就必须在每日生活中做出正确的选择。比方说，你可以养成每天在固定时间学习的习惯，比如从早上八点到下午四点，或者每天花一个小时预习第二天的课程。除此之外，养成良好的睡眠、饮食和运动习惯，我们都会获益颇多。

然而，**好习惯不是一夜养成的。习惯必须慢慢建立，其间充满各种巨大挑战**。建立好习惯好像在做一份工作，但仅仅因为它是全新未知的。想象一下适应一种新的食物是怎样的情形。蔬菜和沙拉，咖啡和酒，一开始味道可能都很可怕。不过，现在你觉得如何？无论是放学后马上做作业，还是关掉你的手机和电脑开始读书八个小时，都不必感觉像是件苦差事。不过，在最开始时确实会有些辛苦。

如何养成新习惯

研究表明，养成一个新习惯平均需要花两个月的时间。新习惯养成之前，你需要充分自律才能坚持下去。所以，**养成好习惯的秘诀就在于从小事开始，别指望你能同时培养很多个好习惯。请记住，我们的自律只有那么多。一次培养两三个习惯，然后把它们发扬光大**。比方说，如果你想养成在睡前阅读而不是看电视的习惯，那么就从一周做到一次开始，然后一周两次，依此类推。此外，你可以试试在“动力和态度”那一章所谈到的奖励技巧来培养好习惯。比如，告诉你自己，一旦你培养了一个好习惯，你就可以给自己买件礼物。反复多次之后，习惯就成自然，你不必再想着它。你既可以享受好习惯带来的好处，也可以把精力放在其他事情上。

要点小结

- 好习惯让你从好学生晋升为杰出的学生。培养一个能够持之以恒的习惯，你应该准备好坚持两个月。两个月之后，新习惯就养成了。不过，由于好习惯的养成需要靠自律来坚持，而自律是有限的，所以请不要企图一次培养太多新习惯。

第三部分要点小结

- 动力决定一切，想要驱动自己，你得：

  （1）尝试培养你对所学内容的兴趣，并发现乐趣。

  （2）给自己设定目标。

  （3）想象当你能轻松处理困难问题并获得好成果时的良好感受。

  （4）奖励自己。

  （5）把学习当成竞争的舞台，唤起你的竞争本能。

- 对你的学习和表现负责任。面对困难，不要抱怨。相反，发挥创意，找到各种解决办法。
- 目标给你驱动力和激励。把它们写下来并放在你经常能看到的地方。
- 设定聪明原则（SMART）目标：具体（specific）、可量化（measurable）、有挑战性（ambitious）、切实可行（realistic）、有时间限定（time limited）。
- 相信你自己！自信能够提升你的学习表现并且可以不断完善。
- 积极正面地思考。备战逆境，但不要过分关注。
- 适量的压力是有益的，它会带给你额外的能量，提升你的表现。

- 减少有害压力，从根本上掌控问题本身。减少工作量，空出更多时间，或者提高工作效率。冷静，从采取腹式呼吸，或使用类似冥想的放松技巧。
- 自律的学生的成绩会更好。自律是可以培养的。
- 好习惯让你从好学生晋升为杰出的学生。培养一个能够持之以恒的习惯，你应该准备好坚持两个月。两个月之后，新习惯就养成了。不过，鉴于好习惯的养成需要靠自律来坚持，而自律是有限的，所以请不要企图一次培养太多新习惯。

结束语 祝你好运

我把自己认为能够帮助你更高效学习、考更高分数的所有建议都写在了本书里面。高效学习、成功应试和正确思考是本书的三个基础要素。我的个人经历告诉我，不同课程需要从不同的角度突破，使用不同的技巧。别去抱怨，相反，掌握一些技巧，比如位置记忆法或思维导图，总会带我们走向成功。我的目标就是给你提供一个装满实用技巧的工具箱，与你分享各种技巧的优缺点。所以，轮到你做决定了，哪些技巧你想来试试，打算何时动手。有些技巧你立马就可以上手，不需要特别花精力，比如笔记技巧和目标设定技巧。有些则需要花一个月时间来学习，比如快速阅读技巧。你得自己摸索投入在这种学习上的时间。

不论哪种情况，我都鼓励你尝试本书里介绍的各种技巧。书中丰富的例子会告诉你为什么那些技巧值得尝试。一项针对 5000 个努力改善自己的人所做的研究结果表明，愿意把改善建议运用于他们的生活中改善自身优缺点的人，他们获得的成功更大。

在书里，我反反复复、不厌其烦地提到了一个事实——我们是健忘的。因此，我建议你温故而知新，这样你才能最大限度地从书中获取帮助。在每个部分和每节的最后我都写了要点总结，方便你使用。

最后，请记得，你能做到的肯定比你想的更多。你能改变你的成绩，你能创建自己的未来。你想要的一切都藏于你自己的身体里，只不过你得把它们释放出来而已！祝你成功！

参考文献

Allen, David. 2001. Getting Things Done: The Art of Stress-Free Productivity. London, England: Penguin Books.

Altman, Rick. (2012). Why Most PowerPoint Presentations Suck … and how you can make them better. Rick Altman.

Asbjørnsen, Dag and Arnt Maasø. 2009. Bachelor book: survival guide for students (Bachelorboka: overlevelsesguide for studenter). 1st edition Oslo: Universitetsforlaget.

Barrass, Robert. 2002. Study!: A Guide to Effective Learning, Revision and Examination Techniques. 2nd edition London, England: Routledge.

Baumeister, et al. (1998). Ego depletion: Is the active self a limited resource? Journal of Personality and Social Psychology, 74(5), 1252–1265.

Beale, Abby Marks and Pam Mullan. 2008. The Complete Idiot's Guide to Speed Reading. Alpha Books.

By, Oddbjørn. (2011) Memo: The Easiest Way to Improve Your Memory. Australia. Lunchroom Publishing.

Chandler, Steve. 2004. 100 Ways to Motivate Yourself: Change Your Life Forever. Revised edition. Franklin Lakes, NJ, USA: The Career Press, Inc.

Creer, et. Al. (2010). Running enhances spatial pattern separation in mice. Proceedings of the National Academy of Sciences of the United States of America.

Davies, Jason A. 2008. 6 Days To Better Grades: Powerful Study Advice For All College Students. CreateSpace Publishing.

Deci, Edward L. and Richard Flaste. 1996. Why We Do What We Do: Understanding Self-Motivation. Penguin Books.

Fiore, Neil. 2007. Awaken Your Strongest Self. McGraw-Hill.

Frank, Stanley. 2003. The Evelyn Wood Seven-Day Speed Reading and Learning Program. Fall River Press.

Fry, Ron. 2005. How to Study. 6th edition Delmar Cengage Learning.

Galloway, Ron. (2011). Rethinking PowerPoint: Designing & Delivering Presentations That Engage The Mind. Method Content LLC.

Greenberg, Michael. 2009. Painless Study Techniques (Barron's Painless). Hauppauge, NY, USA: Barron's Educational Series, Inc.

Hatlem, Ragnar. 1997. How to get better grades (Hvordan få bedre karakterer). 2nd edition Hatlem Studiekonsult.

Hatlem, Ragnar. 2010. Effective learning (Effektiv læring). 5th edition Isis forlag.

Higbee, Kenneth L. 2001. Your Memory: How It Works and How to Improve It. 2nd edition Da Capo Press.

Kern, Harris. 2003. Discipline: Training the Mind to manage your Life. AuthorHouse.

Krog, Annie (translator). 2011. Think yourself smart: (Tenk deg smart:) 50 tips & exercises (50 tips & øvelser). Horten: Publicom.

Kump, Peter. 1998. Breakthrough Rapid Reading. Prentice Hall Press.

Larssen, Erik Bertrand. 2012. Be best with mental training (Bli best med mental trening). 1st edition Oslo: Stenersens forlag.

Lorayne, Harry and Jerry Lucas. 1996. The Memory Book: The Classic Guide to Improving Your Memory at Work, at School, and at Play. New York, NY, USA: Ballantine Books.

Lyubomirsky, et Al. (2005). The Benefits of Frequent Positive Affect: Does Happiness Lead to Success? Psychological Bulletin 2005, Vol. 131, No. 6, 803–855.

Martinsen, E W. 2000. Physical activity for the mind's health (Fysisk aktivitet for sinnets helse http://tidsskriftet.no/article/198276/)

Myers, David G. Psychology Seventh Edition in Modules. 2004. New York, NY, USA: Worth Publishers.

Newport, Cal. 2006. How to Become a Straight-A Student: The Unconventional Strategies Real College Students Use to Score High While Studying Less. New York, NY. Broadway Books.

O'Brien, Lina. 1999. How To Get Good Grades In Ten Easy Steps. Woodburn Press.

Ordóñez, Lisa D., et al. (2008). Goals Gone Wild: The Systematic Side Effects of Over-Prescribing Goal Setting. Working Paper. Harvard Business School.

Palladino, Lucy Jo. 2011. Find Your Focus Zone: An Effective New Plan to Defeat Distraction and Overload. Atria Books.

Patterson, et al. (2011). Change Anything: The New Science of Personal Success. Business Plus.

Randel, Jim. 2010. The Skinny on Creativity: Thinking Outside the Box.Westport, CT, USA: Rand Media Co.

Randel, Jim. 2010. The Skinny on Success: Why not you?.Westport, CT, USA: Rand Media Co.

Randel, Jim. 2010. The Skinny on Time Management: How to Maximize Your 24-Hour Gift.Westport, CT, USA: Rand Media Co.

Randel, Jim. 2010. The Skinny on Willpower: How to Develop Self Discipline.Westport, CT, USA: Rand Media Co.

Ringom, Bjørn. 1998. Learn to learn (Lær å lære). 1st edition Lyngør: Ringom-Instituttet AS.

Robinson, Adam. 1993. What Smart Students Know: Maximum Grades. Optimum Learning. Minimum Time. New York, NY: Three Rivers Press.

Rognsaa, Aage. 2004. The art of writing well (Kunsten å skrive godt). 2nd edition Oslo: Universitetsforlaget.

Sample, Ian. (2010). Start running and watch your brain grow, say scientists. The Guardian 18.01.2010.

Society for Research in Child Development (2012). Motivation, Study Habits —Not IQ—Determine Growth in Math Achievement. Press release.

Sterner, Thomas M. 2005. The Practicing Mind: Bringing Discipline and Focus Into Your Life. Wilmington, Delaware, USA: Mountain Sage Publishing.

Townsel, Kim Holdbrooks.2009. School Skills 101: Get Better Grades, Save Time, And Reduce Stress.4th edition CreateSpace Independent Publishing Platform.

Ugland, Ellen. 1996. To succeed with oral exams (Å lykkes med muntlig eksamen). 2nd edition NKS-forlaget

Wilhelmsen, Lars Skjold and Terje Manger. 2005. Effective learning (Effektiv læring). A booklet at the start of studies for all new students (Et hefte ved studiestart for alle nye studenter). Bergen: Fagbokforlaget.

Wormnes, Bjørn and Terje Manger. 2005. Motivation and mastering: ways to effective use of own resources (Motivasjon og mestring: veier til effektiv bruk av egne ressurser). 1st edition Bergen: Fagbokforlaget.

译者后记

当我们谈论学习的时候我们在谈论什么

给本书的后记起这样一个标题，是因为即使当我们读了那么多年书，市面上有那么多关于学习的书籍，而就我们自身而言，关于学习这个话题，可能从来没有真正地认识思考过。

作为读者，亦作为译者，请允许我从不同角度窥探本书中的一字一句，和大家分享关于学习的点滴感想。

“书名进化史”：我们眼中的学习究竟是什么？

《超级学霸》—《超级学习家》—《奥拉夫·舍韦学习修炼手册》—《学习力法则》—《超级学霸》。

书名是窥探全书和作者原旨的入口，书名的翻译往往最让人纠结。因此，你现在看到的这个书名经历了长达数月的讨论和权衡。当然，现在的书名未必是你最认同的，但在斟酌过程中，在和许多潜在读者的讨论中，我们忽然发现，我们对于学习问题的认知、视角态度如此不同。

原书名“Super Student”最初译为“超级学霸”或

“学霸养成记”，因为在我们的日常认知中，“超级学生”或“最棒的学生”就是“学霸”。翻译期间恰逢我在讲英语笔译课，其间和同学们探讨书名的翻译，一位女同学在课后很认真地留言给我：

“老师，我觉得‘Super Student’翻译成《超级学霸》不如《学渣翻身记》。从客观原因上来讲，学霸的构成因素除了学习方法之外，对先天因素比如智商有一定要求，而有时候学渣走向学霸的道路需要的正是学习方法；从消费者角度而言，会买这本书的人应该是没有找到合适的学习方法的人，学霸自然是不会买的，书名从学渣的角度更会让消费者觉得亲切、具有实用性，比从一个高高在上的学霸介绍自己成功经历的角度来说更容易让人接受。”

正如这位可爱又认真的 90 后女孩所说，在学霸的词汇内涵中，这类人群依赖天分横扫学问天下。天赋异禀是上天的眷顾，但世间的大多数人平凡如你我，学习上已经用尽浑身解数，依然不得要领。所谓学霸，可能是我们大多数人远观的对象，内心敬佩，但避而远之。她所说的学渣，言下之意，已经成为学习碾压下的碎末，恐惧之心表露无遗。词汇使用上的认知差异，对待学习这件事的纠结心态，代表了我们大多数人对学习敬而远之的态度。

可是，**学习并不是洪水猛兽，无须恐避之不及。**

后来，又有已是高校讲师、教授和行业精英的朋友们提出，“超级学习家”“学习修炼手册”或是“学习力法则”更为客观。大部分人平凡如你我，虽然没有学霸所具有的霸气天分，但又未必如学沫一样，在学习面前低到看不到自己的前景。我们深知天道酬勤，并在个人奋斗过程中不断摸索学习方法，自我修炼，不断提升学习力。这些正是作者在本书中反复传递的信息，**个人可以通过勤奋和正确方法实现 1+1 ＞ 2 的效果，学习是可以锻炼的事情。**

当然，最后的最后，我们又回归到最初的灵感上，《超级学霸：受用终身的速效学习法》。你也许会有自己独特的关于学习本质的认知视角和态度，不过通过书名中的三个关键词，希望你能够重新思考学习这件事。

关键词一：超级学霸

“坦白说，我不是个有天分的人。”

你可能想不到，作者奥拉夫·舍韦在本书前言中就告诉每一位读者，他曾经普通如每一个学习上遇到困难的你我他一样，他不是一个有天分的人。可是后来他从一个平凡的“学习障碍者”逆袭成为横扫各大名校的高才生。他是如何做到的呢？

他说，**“变得更擅长学习，取得好成绩并非不可能之事。其中的秘密在于，你的努力必须是勤奋学习和学习技巧的完美结合。”**

你有没有想过，**你还不是学霸，是因为你一直在“假学习”**。

17 岁，你带着耳机看书，身旁是堆成山的课本和试卷。你绞尽脑汁，死记硬背，却怎么也记不住这个公式、那个定义，记着背着，最后竟然去了梦里……

21 岁，明天是专业课考试。你的老师平时从来不按课本上课。他会考什么，连个考试范围也不给。你想要临时抱佛脚，却连方向都找不到……

25 岁，进入职场三两年，你开始摸清行业的发展、晋升的渠道。那个资格考试、这个行业认证，工作之外有各种各样的考试。拿起书，你逼着自己像学生时代那样专心看书，可是每天工作完毕，累得跟狗一样，哪有什么时间，哪里看得进什么书……

35 岁，职业生涯不上则下的年纪，孩子刚入小学，鸡飞狗跳的日子。你的职业晋升考试，孩子的考试好像都一塌糊涂。你骂孩子笨的时候，是不是也在骂着自己……

在这个知识爆炸的年代，谁都知道要学习，所有人都做出了学习的姿态。但我们中的大部分人都是低效的勤奋学习者，都在假学习。如果不审视学习本身，可能永远无法体验到学习高效是一种什么感受。

以上四种“假”学习，是我们不同年龄阶段，或者不同方面的学习烦恼，它几乎代表了我们在学习中遇到的各种问题。你有没有考虑过，面对这样的状况，我们眼中的学霸是如何化解学习困境的呢（见表 A–1）？

表 A-1

“假”学习	“假”学习的症状	你真正的学习需求	解决途径（建议阅读）
17 岁的你	学习内容太多，记忆力效果极差	阅读、笔记和记忆技巧	第一部分“高效学习”
21 岁的你	不懂如何应试，常常崩溃	课堂学习和应试技巧	第二部分“成功应试”
25 岁的你	工作压力大，没时间和精力读书	时间、目标和压力管理	第三部分“正确思考”
35 岁的你	不懂学习方法地硬学，家长和孩子都痛苦	学习、应试和习惯养成	全书

在本书里，作者奥拉夫告诉你，挖掘出最本质的学习需求，积极了解、尝试和运用高效的学习技巧，才能达到高效学习、成功应试的目标。

感谢他如同贴心学长，和盘托出毕生学习必杀技。书中提及的内容，其细致程度让人惊讶——原来**学霸高效学习的背后竟然隐藏了如此细节的技巧**。你大可以通过表 A–1 找到自己最需要做出改变的那个部分，“学到新的学习技巧，并立即将它们付诸实践”。

祝你好运，你也会是超级学霸！

关键词二：受用终身

“最大的胜利不是漂亮的成绩单，而是你改变了自己。”

这是一个强调学习、知识经济的年代。各种知识付费，各种线上学习，各种微课、慕课，好像落掉哪个我们的人生都会被时代淘汰。但是，你真的会学习吗？

作为一名老师，我希望处于求学阶段的每一个你这样去认知学习这件事情：

“你现在所学的，不是知识。这个年代，知识可以通过百度和谷歌获得。你在求学阶段做的所有训练，哪怕只是写一个无聊的作业，都是在围绕着专业知识，从方方面面、细节和整体上培养你面对问题与处理问题所需要的逻辑和理性、方法和习惯。这些逻辑和理性、方法和习惯才是学习真正的核心。你的自我学习力就是你的可持续竞争力，它让你受用终身。”

作者奥拉夫鼓励你尝试本书里介绍的各种技巧，其目的不是仅仅为了告诉你如何提高成绩、成为学霸，他说：**“在你努力提高学习成绩的同时，其实你已经掌握了处理好一切的能力。”**

关键词三：速效

“奋斗的路上尝试新方法很重要。”

“速效”这两个字符合快餐文化、碎片阅读的今日时尚，但希望它没有误导你，相信这个世界上有什么捷径。所谓捷径，我认为，应该包含三个关键内容。

1.“我在做我自己”：认识自己的长处

我们大部分人都是普通人，在平凡中成长。在我们看来，身边的学霸往往都天赋异禀。但其实每个人与生俱来都会有自己独特的天分特点，只是你一直没有发觉，或者说，我们过往的教育让我们过多关注别人的长处和自己的不足。但未来是开放的，鼓励每个人发现自我，并发扬个体潜能。

网络直播让许多喜欢并善于与人沟通的年轻人拥有了自己的天空，他们可能英语不好、数学很差，可是他们都在自己擅长的领域做出了成就。你肯定也有自己独特的禀赋优势。发现它，发展它，顺应它，你就会感到得心应手。

“速效”的第一个关键内容是认识自己的长处，并发扬光大。“速效”要求有效率、有效果。当你无意识地施展自己的长处时，你所做的事情几乎都是有效率且有效果的。

客观地认识自己、接纳自己是保证你能进入最好学习状态的前提。

2. “愉快高效地学习”：找到适合自己的学习方法

个体的差异性不仅仅体现在天赋差异上，更体现在学习方法的使用上。有人擅长死记硬背，有人擅长思维导图，也有人擅长联想记忆。你说自己记忆力很差，总是记不住单词，可是你擅长画画。你知道吗，我们可以用画画来记单词，这是图像记忆法的灵活使用。你完全可以**让学习和你最擅长、最感兴趣的事情联系在一起**。

达到“速效”的第二个关键内容是找到适合自己的学习方法。

作者奥拉夫在书中这样写道：

“人们通常在各不相同的状态下呈现出最好的学习表现。比如说，有人需要闭上眼睛，隔绝视觉干扰才能更专注。因此，你应该认识自己，了解究竟怎样才能让自己的努力事半功倍。不过，千万不要等你学完了才想到这件事。在奋斗的路上尝试新方法很重要，但这并不意味着你不能对这些新方法持怀疑态度。没必要仅仅只因为别人建议，你就跑去听某门课程。不过在很多领域中，采用新方法都能带来进步。如果你从不尝试任何新方法，也就无法进步。因此，请对别人的建议持开放的态度，试试它们对你有没有效果，在必要时采用这些新方法。保持开放的心态会帮助你改善你的技能。”

在十几年的教师生涯中，我见过太多勤奋但是成绩不出众的孩子。他们往往异常努力，但也固守成规，不愿尝试新的学习方法。比如背单词这件事情，很多孩子都执着地认为，想要通过任何英语考试，背单词是王道。是的，扩大词汇量对英语写作和阅读都大有好处，但问题出现在哪里？这些孩子背单词的方式很传统——先背英文单词，再背单词的中文意思，比如“dog 狗”。可是在阅读文章时读到“the dog days of summer are officially upon us”，却傻眼了。你要知道，每个单词只有在句子中才是鲜活的。无论是阅读还是写作中，单词从来都不会以个体的方式呈现，而是在句子中灵活使用。很明显，这些勤奋的孩子一直在错误的路上努力，如何能达到“高效”呢？

还记得吗，**你的努力必须是勤奋学习和学习技巧的完美结合。**

学习方法千百种，你得找到最适合自己的那些。但你还是很疑惑，究竟哪些方法最适合自己。这正是第二个关键内容中我最想和你分享的。作者奥拉夫曾阅读过超过 40 本关于学习技巧、应试技巧和学习心理方面的书籍，在牛津、挪威经济学院，和加利福尼亚大学伯克利分校求学期间，他也都不断学习并实践了不少有用的学习技巧。所以，想成为学霸，想“速效”学习，请你**以开放的心态，不断学习和尝试新的学习方法和技巧，直到找到最合适的那些吧**。大浪淘沙，见得多，你也就更擅长学习。所谓捷径，可能就是那些看起来有些遥远的路。

3.“像个真正的人那样学习”：顺应自己的学习状态

在我们的认知中，学习好像必须像苦行僧一样。当然，勤奋必不可少，没有勤奋，一切都是空话。不过假如你今天头痛，经历悲痛的事情，缺少动力或感觉不佳，还要硬着头皮强迫自己学习吗？不学习内疚，学习又痛苦。作者奥拉夫说：“那就做些别的事情吧。遭遇一个状态不佳的日子，没什么大不了。”他鼓励你正视自己的内心。因为他认为，在这种情况下如果一定要坚持学习，实际上是非常低效的。这时就不如放弃，放轻松，给自己一天假。**完全可以有不想学的那天，降低因疲惫地坚持带来的压力，像个真正的人那样学习。**

此外，我们也经常会处于纠结的学习状况——玩的时候想着学习，玩不好；学习的时候想着玩，学不好。奥拉夫说：“当你学习的时候，你就应该百分之百投入。学习的时候请只想着学习，休息的时候就绝不想什么学习，这样才会事半功倍。”

所谓“速效”或“高效”，其实就是摒弃任何“低效”的行为。

很幸运能够遇见本书，并成为它的中文版译者。作者奥拉夫事无巨细地将他从平凡学子成长为超级学霸的私家锦囊全部分享给大家。希望学习路上的你我能追随。他说他送给你的是工具箱，让你唾手可得的各种技巧工具。你正在阅读本书，说明你已拿到这个箱子，而什么时候、拿哪些工具出来，一切都靠你了。

如果你问我，本书最适合哪些人使用呢？不用看你左右，捧起书的你，就将是下一个受益者。

你也会是超级学霸！

李文婷

2017 年盛夏

广州 五山

高效学习

《刻意练习：如何从新手到大师》

作者：[美] 安德斯·艾利克森 罗伯特·普尔 译者：王正林

销量达200万册！
杰出不是一种天赋，而是一种人人都可以学会的技巧
科学研究发现的强大学习法，成为任何领域杰出人物的黄金法则

《学习之道》

作者：[美] 芭芭拉·奥克利 译者：教育无边界字幕组

科学学习入门的经典作品，是一本真正面向大众、指导实践并且科学可信的学习方法手册。作者芭芭拉本科专业（居然）是俄语。从小学到高中数理成绩一路垫底，为了应付职场生活，不得不自主学习大量新鲜知识，甚至是让人头疼的数学知识。放下工作，回到学校，竟然成为工程学博士，后留校任教授

《如何高效学习》

作者：[加] 斯科特·扬 译者：程冕

如何花费更少时间学到更多知识？因高效学习而成名的“学神”斯科特·扬，曾10天搞定线性代数，1年学完MIT4年33门课程。掌握书中的“整体性学习法”，你也将成为超级学霸

《科学学习：斯坦福黄金学习法则》

作者：[美] 丹尼尔·L.施瓦茨 等 译者：郭曼文

学习新境界，人生新高度。源自斯坦福大学广受欢迎的经典学习课。斯坦福教育学院院长、学习科学专家力作；精选26种黄金学习法则，有效解决任何学习问题

《学会如何学习》

作者：[美] 芭芭拉·奥克利 等 译者：汪幼枫

畅销书《学习之道》青少年版；芭芭拉·奥克利博士揭示如何科学使用大脑，高效学习，让“学渣”秒变“学霸”体质，随书赠思维导图；北京考试报特约专家郭俊彬博士、少年商学院联合创始人Evan、秋叶、孙思远、彭小六、陈章鱼诚意推荐

更多>>>

《如何高效记忆》 作者：[美] 肯尼思·希格比 译者：余彬晶
《练习的心态：如何培养耐心、专注和自律》 作者：[美] 托马斯·M.斯特纳 译者：王正林
《超级学霸:受用终身的速效学习法》 作者：[挪威] 奥拉夫·舍韦 译者：李文婷